그리스도인으로 잘 사는 법

그리스도인으로 잘 사는 법

지은이 | 이태희
초판 발행 | 2023. 7. 26
등록번호 | 제1988-000080호
등록된 곳 | 서울특별시 용산구 서빙고로65길 38
발행처 | 사단법인 두란노서원
영업부 | 2078-3352 FAX | 080-749-3705
출판부 | 2078-3331

책 값은 뒤표지에 있습니다.
978-89-531-4528-3 03230

독자의 의견을 기다립니다.
tpress@duranno.com   http://www.duranno.com

두란노서원은 바울 사도가 3차 전도여행 때 에베소에서 성령 받은 제자들을 따로 세워 하나님의 말씀으로 양육하
던 장소입니다. 사도행전 19장 8-20절의 정신에 따라 첫째 목회자를 돕는 사역과 평신도를 훈련시키는 사역, 둘째
세계선교(TIM)와 문서선교(단행본·잡지) 사역, 셋째 예수문화 및 경배와 찬양 사역, 그리고 가정·상담 사역 등을
감당하고 있습니다. 1980년 12월 22일에 창립된 두란노서원은 주님 오실 때까지 이 사역들을 계속할 것입니다.

그리스도인으로 잘 사는 법

이태희 지음

두란노

우리가 자동차를 오래, 안전하게, 잘 쓰려면, 어떻게 해야 할까? 자동차를 잘 아는 사람, 즉 자동차를 만든 사람이 사용자를 위해서 준비한 매뉴얼대로 사용하면 된다. 아무리 좋은 차라도 매뉴얼을 무시하고, 귀찮다고 엔진오일 한번 갈지 않고 자기 마음대로 차를 몰고 다니면 금세 망가지기 마련이다. 결국엔 사고를 낼 수밖에 없다.

행복한 삶을 살려면 어떻게 해야 할까? 사람을 창조하시고, 나보다 나를 더 잘 아시는 하나님이 나에게 주신 지침대로 살면 된다. 그 지침서가 바로 성경이다. 《그리스도인으로 잘 사는 법》은 이 지침서를 좀 더 쉽고 명확하게 설명해 주는 안내서다.

이 책을 읽는 모든 독자가 험난한 이 땅에서 거룩하고 행복하게 살 수 있는 지혜를 발견하고, 우리를 복되게 인도하시는 하나님의 손길을 느낄 수 있기를 소망한다. 믿음으로 살고자 하는 모든 성도에게 일독을 권한다.

박은조_글로벌 문도하우스 원장,
샘물학교 설립자, 은혜샘물교회 은퇴목사

세상과 문명의 이기가 밀집되어 있는 서울의 한복판, 강남에서 소리 내는 자로 담대하게 복음을 전하고 있는, 사랑하는 이태희 목사의 《그리스도인으로 잘 사는 법》의 추천사를 쓰게 되어 영광입니다.

책을 펴자마자 첫 파트의 제목이 눈에 띄었습니다. "혼란한 세상에서 성도로 산다는 것"이라는 질문에서 이태희 목사의 신앙관을 볼 수 있었습니다. "희망을 잃어버린 허울뿐인 이 세대에서 신앙과 믿음을 지키며 살 수 있는가?"라고 질문한다면 어떻게 대답하겠습니까? 아마 대부분 "못한다"라고 할 것입니다. 이 책은 그런 우리에게 "우리는 못하지만, 포도나무 되신 예수 그리스도께 붙어 있으면 하나님이 역사하시고 이루신다"라는 성경 말씀으로 명쾌하게 답해 줍니다.

우리는 이 시대의 "사명이 있는 자"가 아닌 "하나님께 사명을 부여받은 자"입니다. 이 책을 통해 사명을 부여받은 자로서 예수 그리스도의 생명의 소망을 바라보며 순종의 삶에 한 걸음 더 가까워지기를 진심으로 기도합니다. 사랑하고 축복합니다.

이종락_주사랑공동체교회 담임목사,
주사랑공동체 이사장, 주사랑공동체 베이비박스 운영자

갈수록 혼란스럽다. 세상이 이런 모습으로 아직도 견디고 있다는 사실이 오히려 놀랍다. 과연 우리는 이 세상 속에서 어떻게 신앙을 지켜야 하는가? 저자는 누구의 힘으로 믿음의 삶을 살고 있으며 누구와 더불어 신앙의 여정을 완주해야 할지를 돌아보게 한다.

뜻밖의 길이 아니고 새로운 방법이 아니다. 길이며 진리이신 주님께 돌아가 함께 가야 할 길을 가리킨다. 그리스도인이라고 불리는 우리는 대체 어떤 정체성을 지녀야 하며, 어떻게 교회의 본질을 지켜야 하는지를 들어 보라. 마음에 다시 불일 듯 일어나는 그리스도의 사랑이 회복될 것이다.

조정민_베이직교회 목사

깊은 영성과 성도를 사랑하는 마음을 가득 담은 설교로 신앙생활의 근본적인 문제와 그 답에 대해 잘 말씀해 주는 이태희 목사님은 제가 신앙생활을 하면서 마주친 다양한 어려움에 갇혀 헤어나올 수 없을 때 길을 찾는 데 큰 도움을 주었습니다.

이 책의 내용 중에 "그 길을 가는 방법은 순종이며, 신앙생활의 핵심은 우선순위"라는 말씀이 제게 가장 큰 은혜가 되었습니다.

어려움과 고비들, 영적인 고갈과 두려움에 사로잡힌 성도, 어린아이의 신앙에서 벗어나기를 원하는 성도가 이 책을 통해 충만한 은혜를 누리고, 하나님 앞에 더욱 성숙한 그리스도인으로 살게 되기를 기도합니다.

최재형_국회의원

contents

Part 1

혼란한 세상에서 성도로 산다는 것

Part 2

환난 가운데서 중심을 지킨다는 것

　국제선 비행기에는 크게 세 단계의 좌석 등급이 있습니다. 가장 좋고 비싼 좌석은 퍼스트클래스, 그 다음은 비지니스클래스, 마지막 등급은 이코노미클래스입니다. 같은 비행기를 타고 같은 목적지를 향해 날아가고 있지만, 타고 있는 좌석의 등급에 따라 누리는 안락함은 달라집니다.

　이 땅에서 살아가는 그리스도인들의 신앙생활이 꼭 이와 같습니다. 모든 그리스도인은 '예수 그리스도'라는 비행기를 타고 '천국'이라는 목적지를 향해 날아가고 있습니다. 하지만 그 천국의 여정 속에서 실제로 누리고 있는 축복의 정도는 사람들마다 다 다릅니다.

　안타깝게도 소수의 그리스도인만이 퍼스트클래스를 타고 천국을 향해 날아가고 있습니다. 대부분은 이코노미클래스를 타고 갑니다. 퍼스트클래스의 삶을 약속받아 놓고도 그 안락함을 누리지 못하는 것입니다. 그러고는 장시간 불편한 여행을 달래기 위해 이어폰을 끼우고 퍼스트클래스의 삶에 관한 설교를 듣거나, 그와 같은 삶을 누리고 있는 '특별한 사람들'(?)의 간증을 듣습니다. 그러면서 은혜(?)를 받았다고 말합니다. 이와 같은 '대리만족적인 신앙생활'로 연명하는 그리스도인이 우리 주변에 얼마나 많은지 모릅니다.

　오래 전에 있었던 일입니다. 해외 일정을 마치고 귀국길에 오르는데 좌석 번호를 확인해 보니 비행기 맨 앞 구역의 좌석이었습니다. 틀

림없는 비즈니스클래스였습니다. 간혹 이코노미클래스 좌석이 꽉 차면 이런 행운을 누릴 수 있다는 이야기를 들은 적이 있습니다. 이코노미클래스 값을 지불하고 비즈니스클래스의 서비스를 누릴 수 있는 것입니다. 저는 난생 처음 앉아보는 비즈니스 좌석에 흥분을 가라앉힐 수 없었습니다. 들뜬 마음으로 비행기에 탑승하여 좌석 번호가 적혀 있는 자리를 찾아 갔습니다.

'이런 것이 바로 은혜로구나. 하나님 감사합니다. 하나님을 위해 더욱 열심히 뛰겠습니다.'

감사와 찬송의 기도가 절로 나왔습니다. 그렇게 감격스러운 마음으로 눈을 감고 앉아 있는데 인기척이 느껴졌습니다. 눈을 떠 보니 한 노신사가 짐을 들고 나를 째려보고 있었습니다. 그 옆에 서 있는 승무원이 조심스럽게 말을 걸어왔습니다.

"죄송하지만 좌석 번호를 좀 확인해 주시겠어요?"

순간 불길한 예감이 들었습니다. 주섬주섬 탑승권을 꺼내어 다시 확인해 보았습니다. 하나님도 무심하시지! 게이트 번호를 좌석 번호로 잘못 본 것입니다. 개구멍이라도 찾아서 들어가고 싶었습니다. 나는 빛의 속도로 짐을 챙긴 후, 제자리를 향하여 부리나케 사라졌습니다.

우리가 저절로 비즈니스클래스 좌석을 차지할 수 없듯이, 하나님의 자녀가 되었다고 해서 저절로 하나님의 축복을 누릴 수 있는 것이 아닙니다. 하나님의 자녀라고 다 똑같은 축복을 누리며 살아가고 있는 것도 아닙니다.

아들들아 이제 내게 들으라 내 도를 지키는 자가 복이 있느니라(잠 8:32).

하나님의 축복을 받기 위해서 반드시 지켜야 할 '법'이 있습니다. 우리 주님은 "나더러 주여 주여 하는 자마다 다 천국에 들어갈 것이 아니요 다만 하늘에 계신 내 아버지의 뜻대로 행하는 자라야 들어가리라"(마 7:21)라고 말씀하셨습니다. 하나님 나라는 "주여 주여" 부르짖는 사람들이 누릴 수 있는 나라가 아닙니다. 하나님 나라는 '주의 뜻대로 행하는 자들'만이 누릴 수 있는 나라입니다. 그러므로 우리가 하나님의 나라를 실제로 누리는 삶을 살아가려면 '주의 뜻'을 알고, '그 뜻대로 행하는 자'가 되어야만 합니다. 그 뜻을 얼마나 깨닫고, 행하는가에 따라 우리가 그리스도 안에서 누리게 되는 축복의 정도는 달라지게 될 것입니다.

《그리스도인으로 잘 사는 법》은 이 땅에서 살아가는 모든 그리스도인이, 하나님이 약속하신 복된 삶을 살아가는 데 있어서 더 이상 '어린아이'가 아닌 장성한 성인이 될 수 있기를 바라는 마음으로 준비한 책입니다. 물론, 이 책이 여러분을 자동으로 성인으로 만들어 주지는 않을 것입니다.

저자인 제가 책을 집필하며 꿈꾸었던 목표는 아주 단순합니다. 이 책을 집어든 독자가 다시 '말씀'으로, '기도의 자리'로 되돌아가는 것입니다. 우리의 목자 되신 '그리스도의 음성'에만 귀를 기울이는 것입니다. 그리하여 한 명의 독자도 빠짐없이 더 이상 입으로만 "주여 주여" 하는 자가 아니라, 주의 뜻을 깨닫고, 그 뜻대로 행하는 '복 있는 자'의 자리로 되돌아가는 것입니다. 이것이 이 책을 통하여 이루고자 하는 저의 소박한(?) 꿈입니다.

아무쪼록 이 것이 제 꿈이 아니라 하나님의 꿈이기를, 하나님이 응답해 주시기를 간절히 기도합니다.

7월 서초동 사무실에서
이태희 목사

Part 1

혼란한
세상에서
성도로
산다는 것

chapter 01

소망이 고갈되었을 때 성령을 구하십시오

_ 시 23:1-6

인류의 역사는 한마디로 '재난의 역사'다. 전쟁과 질병, 지진이나 홍수와 같은 재앙은 끊임없이 이어져 인류 역사를 피로 물들여 왔다. 개인의 삶도 마찬가지다. 다양한 종류의 도전과 위기가 마치 파도처럼 끊임없이 우리 삶에 몰아쳐 온다. 그리고 그와 같은 위기 앞에서 우리는 '고갈'을 경험한다. 평강의 고갈, 기쁨과 소망의 고갈, 그 모든 위기를 극복할 수 있는 수단의 고갈이다.

그러나 동시에 우리가 분명하게 확인할 수 있는 사실은 그와 같은 위기 속에서도 '죽으라는 법은 없었다'는 것이다. 모든 것이 고갈된 황폐한 땅에서 전혀 예기치 못했던 새로운 돌파구가 열리고, 새로운 샘이 터지는 기적의 역사가 일어난다. 이런 기적의 역사가 없다면 인류는 아주 오래전에 멸절되었을 것이다. 그러므로 문제의 본질은 우리 삶에 위기가 있느냐 없느냐가 아니라, 그 위기에 어떻게 대처하느냐다. 그렇다면 우리는 생활 가운데 다가오는 크고 작은 위기들을 어떻게 극복하고 해결할 수 있을까? 어떻게 해야 재난의 연속인 우리 삶을 승리하는 방향으로, 더 풍성하게 이끌어 나갈 수 있을까? 지금부터 그 구체적인 방법을 이야기하고자 한다.

그리스도와 연합하라

> 5 나는 포도나무요 너희는 가지라 그가 내 안에, 내가 그 안에 거하면 사람이 열매를 많이 맺나니 나를 떠나서는 너희가 아무 것도 할 수 없음이라 6 사람이 내 안에 거하지 아니하면 가지처럼 밖에 버려져 마르나니 사람들이 그것을 모아다가 불에 던져 사르느니라(요 15:5-6).

예수님은 우리가 비록 마른 가지와 같이 모든 것이 고갈되고 시들어 버린 상황에 있을지라도 놀라운 열매를 거둘 수 있다고 말씀하신다. 그 방법은 포도나무에 붙어 있는 삶을 사는 것이다. 가지의 일은 열매를 맺는 것이 아니다. 가지는 그저 포도나무에 붙어 있기만 하면 된다. 그렇게만 하면 열매는 그냥 맺어지는 것이다. 우리도 마찬가지다. 우리의 일은 열매를 맺는 것이 아니다. 포도나무인 예수님께만 붙어 있으면 된다. 그렇게만 하면 우리 삶의 열매는 그냥 맺어지는 것이다.

이 비유를 통해 예수님이 말씀하고자 하신 것은 바로 이것이다. 예수 그리스도께서 내 안에 거하시고 내가 예수 그리스도 안에 거해야 한다는 것이다. 이것은 그리스도와 내가 연합하여 한 몸, 일체가 되는 것을 의미한다. 그리스도와 내가 한 몸을 이루게 되면, 비록 내가 마른 가지와 같은 상황 속에 있다 할지라도 예수님은 나의 삶을 통해 놀라운 열매를 맺으실 수 있다.

이보다 더 놀랍고 좋은 소식이 있는가? 우리는 예수님이 시간적으로는 2000년 전에 계셨고 거리적으로는 저 멀리 우주 밖 하나님 보좌 우편에 앉아 계시다고 생각한다. 그래서 예수님을 너무 멀리 계신 분처럼 느끼는 경향이 있는데, 치명적으로 잘못된 생각이다. 예수님은 하나님의 보좌 우편에 앉아 계시지만, 동시에 내 안에 거하신다. 어떻게 그것이 가능한가? 바로 성령 하나님을 통해서 가능하다. 성령 하나님이 내 안에 거하심으로 그리스도가 내 안에, 내가 그리스도 안에 거하는 연합을 이루게 된 것이다.

> [5] 지금 내가 나를 보내신 이에게로 가는데 너희 중에서 나더러 어디로 가는지 묻는 자가 없고 [6] 도리어 내가 이 말을 하므로 너희 마음에 근심이 가득하였도다 [7] 그러나 내가 너희에게 실상을 말하노니 내가 떠나가는 것이 너희에게 유익이라 내가 떠나가지 아니하면 보혜사가 너희에게로 오시지 아니할 것이요 가면 내가 그를 너희에게로 보내리니(요 16:5-7).

우리는 성령 하나님을 통해 비유적이거나 상징적인 의미가 아니라, 실질적인 의미로 예수 그리스도와 연합하여 한 몸을 이루게 된다. 그래서 바울은 "너희가 하나님의 성전인 것과 하나님의 성령이

그리스도인으로 잘 사는 법

너희 안에 계시는 것을 알지 못하느냐"고 하면서, "누구든지 하나님의 성전을 더럽히면 하나님이 그 사람을 멸하시리라"고 엄중하게 경고했다(고전 3:16-17). 바로 이 진리를 깨닫는 일에 하나님을 경험하는 신앙생활의 비밀이 담겨 있다.

그렇다면, 어떻게 그와 같은 일을 경험할 수 있을까? 어떻게 하면 내 안에 계신 성령 하나님이 나를 통해 그리스도께서 하신 일뿐 아니라 그보다도 더 큰일을 행하게 하실 수 있을까? 그것은 아주 단순하다. 내 안에 계신 성령 하나님의 인도하심을 받기만 하면 된다.

> 13 그러나 진리의 성령이 오시면 그가 너희를 모든 진리 가운데로 인도하시리니 그가 스스로 말하지 않고 오직 들은 것을 말하며 장래 일을 너희에게 알리시리라 14 그가 내 영광을 나타내리니 내 것을 가지고 너희에게 알리시겠음이라(요 16:13-14).

인간은 삶을 스스로 개척하며 살아가도록 지음받은 존재가 아니다. 인도함을 받으며 살아가도록 지음받았다. 그래서 인간에게는 반드시 목자가 필요하다. 예수 그리스도께서 우리에게 성령 하나님을 보내 주신 이유가 바로 여기에 있다.

성령 하나님이 내 목자가 되어 주셔서 우리 삶을 인도해 주실 때 우리에게는 어떤 부족함도 없게 된다. 메마른 광야와 같이 모든 자원과 소망이 고갈된 상황에 있다 할지라도, 성령 하나님이 우리의 목자가 되어 주실 때 우리는 푸른 풀밭과 쉴 만한 물가로 인도함을 받게 된다. 성령 하나님은 그곳에서 근심과 두려움에 정복당한 우리의 심령을 소생시켜 주시며, 하나님의 영광을 위해 의의 길로 인도하여 주신다. 비록 내가 사망의 음침한 골짜기를 지날지라도 성령 하나님은 우리의 발걸음을 주의 지팡이와 막대기로 인도하여 주셔서 털끝도 해를 당하지 않게 보호하여 주시며, 오히려 내 원수의 목전에서 내게 상을 주시고 내 머리에 기름을 부어 주셔서 내 잔에 기쁨과 감사와 찬양이 넘쳐나게 하신다. 나의 목자 되신 성령 하나님의 인도를 따라가는 삶을 살아갈 때 내 평생에 주의 선하심과 인자하심이 따르는, 부족함이 없는 삶을 살아가게 될 것이다.

그러므로 우리가 하나님 아버지께 구해야 할 가장 좋은 선물은 떡도 생선도 아니요, 성령 하나님이다. 떡과 생선을 구하는 기도를 내려놓으라. 배와 그물을 구하는 기도도 내려놓으라. 오늘 우리의 모든 기도는 성령 하나님을 구하는 기도로 바꾸어야 한다.

너무나 안타까운 사실은 오늘날 수많은 그리스도인이 내 안에 성령 하나님이 계시다는 사실을 모르고 있다는 것이다. 또 성령 하나님의 인도하심을 받는 삶을 살아가지 않고 있다. 그리스도를 믿고 사랑한다 말하면서도 내 안에 계신 그리스도와 대화하지 않고, 상의하지 않고, 인도하심을 받지도 않는다. 그런 사람을 우리가 어떻게 그리스도인이라 부를 수 있겠는가?

무릇 하나님의 영으로 인도함을 받는 사람은 곧 하나님의 아들이라

(롬 8:14).

우리가 그리스도인이라고 한다면 우리 안에 계신 성령 하나님의 인도를 받는 삶을 살아가야만 한다. 어떻게 하는 것이 성령 하나님의 인도를 받는 삶인지, 구체적인 방법에 대해 알아 보자.

성령 하나님과 대화하라

성령 하나님께 인도받는 삶의 첫째는 모든 것을 묻고, 물은 다음에는 듣고, 들은 다음에는 인도를 받는 것이다. 이것이 그리스도인의 삶의 생명이요 본질이다.

나는 점심시간에 무엇을 먹어야 할지 모르겠을 때 성령님께 여쭤 본다. "성령님, 오늘 점심엔 뭘 먹으면 좋을까요?"라고 묻고 인도를 받는다. 주일 예배 전에 어떤 넥타이를 매야 할지 잘 모르겠을 때도 성령님께 묻고 인도하심을 받는다. 그런 날은 영락없이 "오늘 목사님 넥타이 덕분에 은혜 받았어요" 하는 이야기를 듣는다.

성령님이 내 안에 계신데 여쭙지 못할 일이 뭐겠는가? 매사에 성령님과 대화하고 감정과 생각을 나누고 질문하고 함께 가는 것이 그리스도와 함께 사는 것 아니겠는가?

이것이 그리스도인의 삶의 본질이요 특권이다. 이와 같은 삶의 방식을 체득하면 어떤 상황 속에서도 두렵지 않다. 외롭지 않다.

절망스럽지 않다. 오병이어로 오천 명을 먹이시고, 말씀으로 풍랑을 잠잠케 하시며, 앉은뱅이를 일으키고, 죽은 자도 다시 살리신 예수 그리스도. 무엇보다 죽음을 이기시고 다시 살아나신 분. 그런 분이 돕는 자, 보혜사로 내 안에 계시는데, 무슨 일을 만나든지 무엇이 두렵고 절망스럽겠는가? 내 안에 계신 성령 하나님과 깊은 교제와 사귐을 누리는 것, 이것이 바로 하나님을 경험하는 신앙생활, 슬기로운 신앙생활의 가장 기초요, 그리스도와 동행하는 삶의 본질적인 의미다.

이와 같이 성령의 인도하심을 받는 삶을 살아간 대표적인 사람이 다윗이다. 다윗은 목동이었다. 어릴 때부터 양을 치는 일을 했다. 고대 세계에서 양을 치는 일은 가장 낮은 계층의 사람들이 하는 일이었다. 그가 목동이 된 것도 집안의 가장 막내였기 때문이다. 그러나 하나님은 다른 잘난 형들을 다 제치고 다윗을 이스라엘의 새로운 왕으로 세우셨다. 민족의 목자로 세우셨다. 어쩌면 하나님은 처음부터 다윗을 왕으로 세우시려고 목동 일을 배우게 하셨는지 모른다.

성경은 종종 사람을 양에 비유한다. 양과 사람 사이에 비슷한 점이 많이 있기 때문이다. 그러므로 다윗은 양을 치면서 양의 본성뿐 아니라 인간의 본성을 제대로 이해하게 되었을 것이다. 지도자가 되기 위해서 가장 중요한 것은 인간의 본성을 이해하는 것이다. 그러므로 어린 시절부터 양을 치던 다윗의 경험은 나중에 왕이 되었을 때 큰 자산이 되었을 것이다.

그리스도인으로 잘 사는 법

결국 다윗은 왕이 되어서도 목자였다. 목양의 대상이 양에서 인간으로 바뀌었을 뿐이다. 그러므로 다윗은 평생을 목자로 살았던 셈이다. 그와 같은 목자의 삶을 통해 다윗이 깊이 깨달은 것이 하나 있었다. 목자인 자신이야말로 목자를 가장 필요로 하는 존재라는 사실이다. 다윗은 인간이란 하나님의 은혜와 돌보심이 없이는 아무것도 할 수 없는 연약한 존재임을 끊임없이 경험하였다. 양을 위협하는 맹수를 통해서, 자기 민족을 위협하는 블레셋의 골리앗 앞에서, 자신을 죽이려 드는 사울을 통해서, 밧세바의 아름다움 앞에서, 아들 압살롬의 배반 앞에서 다윗은 자신이야말로 목자가 필요한 양이라는 사실을, 한순간도 목자의 인도를 받지 않으면 살 수 없다는 사실을 깊이 깨달았다.

시편 23편에는 이 사실을 깨달은 다윗의 삶의 간증이 담겼다.

여호와는 나의 목자시니 내게 부족함이 없으리로다(시 23:1).

매일 아침 하루를 시작하며 "성령님, 오늘 하루도 저를 인도하여 주옵소서" 하고 기도해 보라. 성령 하나님께 질문하고, 상의하고, 고백해 보라. 모든 문제를 해결하실 성령님의 인도하심을 경험할 것이다. 우리 모두는 목자의 음성을 듣고 목자를 따라가야만 하는 양이다.

에스겔이 살아가던 당시 이스라엘은 단순한 곤경에 빠진 정도가 아니었다. 나라가 망해서 바벨론의 포로로 잡혀 있는 상황이었다. 예루살렘의 성벽은 무너져 돌무더기가 되었고, 이스라엘 백성들은 빈털터리가 되어 모든 것이 다 끝장난 상태로 바벨론 땅 낯선 강가에 포로 신세로 앉아 있었다. 이제 그들에게 무슨 소망이 남아 있겠는가? 그들이 무슨 일을 할 수 있겠는가? 그들의 모든 소망은 고갈되었다. 그들은 나라와 지도자를 잃었고, 가정을 잃었고, 군대와 무기를 잃었다. 그런 절망적인 상황 속에서 포로들 사이에 끼어 있던 한 사람, 에스겔에게 홀연히 여호와의 말씀이 임했다.

여호와의 말씀이 내게 임하여 이르시되(겔 6:1).

모든 소망이 고갈된 상황에 말씀으로 임하시는 것, 바로 이것이 성령 하나님의 사역이다. 이것이 에스겔 뿐 아니라 모든 시대, 모든 세대에 걸쳐서 성령 하나님이 우리를 환난과 절망에서 건져 내어 소망과 미래로 인도하시는 방식이다.

19 이에 그들이 그들의 고통 때문에 여호와께 부르짖으매 그가 그들의 고통에서 그들을 구원하시되 20 그가 그의 말씀을 보내어 그들을 고치시고 위험한 지경에서 건지시는도다(시 107:19-20).

현대를 살아가는 우리 상황도 바벨론에 잡혀간 이스라엘의 상황과 다르지 않다. 절망과 무력함, 심각한 곤경에 빠져 있다. 개인적으로나 가정적으로나 사업적으로나 국가적으로나 세계적으로나 우리의 미약한 힘으로는 아무것도 할 수 없는 위험한 지경이다. 이와 같은 상황 속에서 성령 하나님은 바벨론 강가에 앉아 있던 에스겔에게 임했던 것과 같은 메시지를 우리에게 주심으로 우리를 위험한 지경에서 건져 내 주신다. 그러므로 우리 안에 계신 성령 하나님이 들려주시는 음성에 귀를 기울여야 한다. 인간의 말이 아니라 하나님의 입에서 나오는 성령의 음성, 인간의 정신으로 고안해 내거나 자기 생각의 결과물이 아닌 하나님의 입으로부터 나오는 말씀, 즉 성령 하나님의 계시를 받아야 한다. 그리스도인들의 진정한 비극은 그들이 처한 상황 때문이 아니라 내 안에 계신 성령 하나님의 계시에 대해 관심을 기울이지 않고 있다는 사실에 있다.

여기서 한 가지 강조하고 싶은 내용이 있다. '성경에 기록된 말씀'과 '성령의 음성'은 다른 것이라는 사실이다. 물론 성경에 기록된 말씀을 통해 성령의 음성이 우리의 심령 가운데 임하게 되는 것은 맞다. 그러나 성경 말씀이 곧 성령의 음성인 것은 아니다. 다시 말해서, 성경에 기록된 말씀을 향한 우리의 믿음과 헌신 때문에 성령의 음성을 무시하거나 간과하는 우를 범해서는 안 된다.

나는 아주 보수적인 교단에서 신앙생활을 시작했다. 대부분 보수적 교단이 그렇듯 우리 교회도 매우 말씀 중심적인 신앙생활을 강조했다. 성경의 절대 무오함, 절대적인 권위를 믿고 성경 중심적인 신앙생활이 건강한 신앙생활의 초석임을 매우 강조했다. 그런데 한 가지 아이러니한 점은 그렇게 성경의 절대적인 권위를 강조하면서도 성경에 기록된 성령의 역사에 대해서는 충분하게 강조하지 않는 듯한 분위기가 있었다. 그러다가 국제예수전도단(YWAM)에서 훈련을 받게 되었는데, 그때 성경을 통한 성령의 역사를 경험해야만 한다는 사실을 배웠다. 하나님이 우리에게 성경을 주신 이유는 성령의 음성을 듣게 하시기 위해서다. 우리가 성경의 가르침을 배워야 하는 이유는 성경을 통해 성령의 치유와 권능을 경험하기 위함이다.

성경과 기도 앞에 진을 치고 살아가는 사람의 심령 속에는 내 생각과 정신에 새겨 주시는 그리스도의 음성이 있다. "어디로 가라" "무엇을 하라" "무엇을 말하라" 등의 정확한 행동 지침을 주시기도 하고, 때로는 책망과 질책, 평안과 확신을 주시기도 한다. 이 음성을 들어야 한다. 그리고 이 음성의 인도함을 받아야 한다.

예를 들어, 사도행전 8장에는 빌립이 에티오피아 여왕 간다게의 모든 국고를 맡은 관리인 내시를 만나는 장면이 기록되어 있다. 그 내시는 선지자 이사야의 말씀을 읽고 있었다. 그때 성령 하나님이 빌립에게 이 내시가 타고 있는 수레 가까이 가라고 말씀하셨다. 그리고 빌립이 입을 열어 이사야 53장 7절 말씀을 설명해 줄 때 성령의 권능으로 말미암는 회심의 역사가 이 내시 가운데 일어나게 된다. 빌립이 들은 "저 수레 가까이 가라"는 성령 하나님의 말씀은 성경에 기록된 것이 아니라 빌립 안에 살아 계셔서 말씀하시는 성령 하나님의 음성이었다.

　성경에서 발견되는 성령의 역사는 이뿐만이 아니다. 바울은 아시아 지역으로 선교를 떠나려고 하였다. 그러나 성령이 이를 허락하지 않았다고 기록하고 있다.

> 6 성령이 아시아에서 말씀을 전하지 못하게 하시거늘 그들이 브루기아와 갈라디아 땅으로 다녀가 7 무시아 앞에 이르러 비두니아로 가고자 애쓰되 예수의 영이 허락하지 아니하시는지라 … 9 밤에 환상이 바울에게 보이니 마게도냐 사람 하나가 서서 그에게 청하여 이르되 마게도냐로 건너와서 우리를 도우라 하거늘 10 바울이 그 환상을 보았을 때 우리가 곧 마게도냐로 떠나기를 힘쓰니 이는 하나님이 저 사람들에게 복음을 전하라고 우리를 부르신 줄로 인정함이러라(행 16:6-10).

　다시 한번 강조하지만, 우리는 성경에 기록된 하나님의 말씀을 통하여 성령의 음성을 듣게 된다. 왜냐하면 모든 성경은 하나님의 감동, 즉 성령의 감동으로 기록된 것이기 때문이다. 그러므로 성령의 음성을 듣고 그 음성의 인도하심을 받고자 하는 사람은 기도와 말씀 앞에 진을 치고 살아야 한다. 신앙 생활의 목적은 기도와 말씀의 삶 그 자체가 아니라, 기도와 말씀의 삶을 통하여 성령의 음성을 듣고 그 음성의 인도함을 받는 삶, 즉 성령 하나님과의 깊은 교제와 사귐 속에서 살아가는 것이다. 기도와 말씀은 성령 하나님과의 교제를 위해 하나님이 지정해 주신 영적 수단이요 도구에 불과하다. 그러므로 우리는 기도와 말씀의 삶을 통하여 성령 하나님과 깊은 교제와 사귐을 나누고 있는지, 혹시 이 과정을 간과하고 있지는 않은지, 그 결과 하나님을 체험하는 신앙생활이 아니라, 메마르고 죽어 있는 종교생활을 하고 있는 것은 아닌지 점검해 봐야 한다.

성령 하나님께 아이디어를 구하라

물건을 만들기 위해서는 재료가 필요하다. 모든 것이 고갈된 황폐한 상황 속에서 도대체 무엇으로 미래와 소망을 만들 수 있단 말인가? 그런데 방법이 있다. 그것은 바로 무에서 유를 창조하시는 성령 하나님의 크고 은밀한 계시를 받는 것이다. 이 계시가 모든 것이 고갈된 황폐한 땅에서 소망을 만들어 내는 기적의 재료다.

남편을 잃은 여인이 엘리사에게 자신의 딱한 사정을 아뢴다. 빚쟁이가 찾아와 자신의 두 아들을 데려가 종으로 삼으려 한다는 것이다. 그때 엘리사가 "집에 남아 있는 것이 무엇이냐?" 묻는다. 여인이 "기름 한 그릇 외에는 아무것도 없나이다" 하고 답한다. 그러자 엘리사가 다음과 같이 명령한다.

"너는 밖에 나가서 모든 이웃에게 그릇을 빌려라. 빈 그릇을 빌리되 조금 빌리지 말아라. 너는 네 두 아들과 함께 문을 닫고 방에 들어가서 모든 그릇에 기름을 부어서 차는 대로 옮겨 놓아라. 그리고 그 기름을 팔아 빚을 갚고 남은 것으로 두 아들과 생활해라."

이것이 성령 하나님의 계시다. 아무것도 없는 상황이라 하더라

그리스도인으로 잘 사는 법

도 우리가 계시의 인도를 받아 순종할 때 무에서 유가 창조되는 기적을 경험하게 될 것이다.

> ² 일을 행하시는 여호와, 그것을 만들며 성취하시는 여호와, 그의 이름을 여호와라 하는 이가 이와 같이 이르시도다 ³ 너는 내게 부르짖으라 내가 네게 응답하겠고 네가 알지 못하는 크고 은밀한 일을 네게 보이리라(렘 33:2-3).

성령의 계시를 받기 위해 우리가 반드시 해야 할 일이 있다. 그것은 바로 간절하게 부르짖는 것이다.

> 너희 중에 누구든지 지혜가 부족하거든 모든 사람에게 후히 주시고 꾸짖지 아니하시는 하나님께 구하라 그리하면 주시리라(약 1:5).

문제가 어려울수록 그 문제보다 더 크고 위대하신 하나님의 은밀한 계시를 구하라. 인류는 문제로 인해 망하지 않는다. 계시의 고갈로 망한다. 우리가 어떠한 문제와 위기 가운데 있다 할지라도 성령의 계시를 받아 그 계시의 인도함을 따라가기만 한다면 광야에 길을 내시고, 사막에 강을 내시는 하나님의 기이한 역사를 반드시 체험하게 될 것이다.

그러므로 위기 가운데 우리가 해야 할 일은 하나다. 하나님의 계시를 구하는 것이다. 일을 행하시는 여호와, 모든 일을 성취하시는 여호와의 계시를 받기 위해 하나님께 부르짖는 것이다. 그렇게 간절히 부르짖을 때 모든 사람에게 후히 주시고 꾸짖지 아니하시는 하나님이 모든 문제를 해결해 주실 수 있고, 또 위기를 극복할 수 있도록 도와주시며, 더 위대한 삶을 창조할 수 있는 하나님의 위대한 지혜와 아이디어를 우리에게 아끼지 않고 부어 주실 것이다.

chapter 02

두려움은 사탄의 속임수입니다

_ 요일 4:18-21

지난해 정부의 코로나 대응 정책이 완화되면서 일상의 많은 부분이 회복되었다. 그럼에도 우리 주변에는 여전히 두려움이 남아 있다. 언제, 어디서, 어떻게, 누구를 통해 바이러스에 감염되는지 특정하기 불가능하기 때문에 섣불리 마스크를 벗고 식당이나 대중교통을 이용하기가 어렵다고 이야기하는 사람이 많다. 물론 스스로의 건강을 위해 자가 방역에 힘써야겠지만, 불필요한 공포감이나 과도한 대응보다는 인식의 전환에 힘써 야 할 때다.

코로나 사태는 전 세계가 '메타버스'라고 하는 새로운 디지털 시대로 진입할 수 있게 했다. 세계는 코로나 위기를 오히려 새로운 질서, 곧 '제4차 산업혁명'으로 리셋할 수 있는 절호의 기회로 보고 있다. 앞으로 인류는 지금보다 훨씬 더 디지털화된 세상 속에서 살아가게 될 것이다. 현실세계와 가상세계 사이의 구분이 사라지고, 인간과 초지능 컴퓨터가 결합되며, 국민의 보건, 안보, 치안 등을 구실로 국민 개개인을 감시하고 통제하는 '디지털 감시 사회'로 변화될 것이다. 이와 같은 새로운 세계 질서에 편입되기를 거부하는 자들에 대해서는 정상적인 삶 자체가 불가능해질 때까지 압박해 나갈 것이며, 이미 성경이 예언하고 있는 것처럼 앞으로 우리가 살아가게 될 세상은 매우 적그리스도적인 시대가 될 것이다. 코로나 팬데믹 사태도 우리에게 두려움을 줬지만, 이후에 일어나게 될 이 세상의 근본적인 변화들이 우리를 더욱 두렵게 만든다. 우리는 그와 같은 적대적인 세상 속에서 끝까지 이기는 성도가 될 수 있을까? 우리의 다음 세대들은 이 세상을 끝까지 이겨 낼 수 있을까?

이런 막연한 두려움을 갖고 있을지 모를 성도들에게 하나님의 명령을 전달해 드리고자 한다. 두려워하지 말라. 마음의 두려움을 이겨 내라. 우리가 싸울 대상은 코로나도, 세상의 권세 잡은 자들도 아니다. 우리는 내 안의 두려움과 싸워야 한다. 이 두려움과 싸워 이겨야 한다. 그럴 때 우리에게 승리가 주어진다. 왜냐하면 내 안에 계신 주님은 이미 이 세상을 이기셨기 때문이다.

이것을 너희에게 이르는 것은 너희로 내 안에서 평안을 누리게 하려 함이라 세상에서는 너희가 환난을 당하나 담대하라 내가 세상을 이기었노라 (요 16:33).

우리는 감정적으로 또는 체험적으로 내 안에 살아 계시는 성령 하나님을 경험한다. 우리는 그것을 '성령 세례', 또는 '성령 충만'이라고 말한다. 예수 그리스도에 대해서 머리로만 알고 있던 사람이 가슴으로 예수님을 만나는 체험을 우리는 '성령 세례'라고 말하고, 그와 같은 성령 세례를 받을 때 우리는 '성령 충만'을 받게 된다.

성령 충만을 받으면 내 심령에 세 개의 촛불이 켜진다. 첫 번째는 '기쁨'이요, 두 번째는 '기도'이고, 세 번째는 '감사'다. 내 심령 가운데 성령의 불로 말미암아 처음으로 이 세 개의 촛불이 점화되는 사건을 '성령 세례'라고 부른다면, '성령 충만'이란 이 점화된 촛불을 지속적으로 유지해 가는 삶을 의미한다.

16 항상 기뻐하라 17 쉬지 말고 기도하라 18 범사에 감사하라 이것이 그리스도 예수 안에서 너희를 향하신 하나님의 뜻이니라 19 성령을 소멸하지 말며(살전 5:16-19).

그런데 우리의 삶에는 이 세 가지 성령의 불을 꺼뜨리고자 하는 바람이 끊임없이 불어 온다. 이 불은 저절로 지켜지지 않는다. 우리가 지키기 위해 끊임없이 노력해야 한다. 불어오는 바람은 어떻게 할 수 없지만, 그 바람을 탓하며 내 심령의 성령의 불이 꺼지게 해서는 안 된다. 우리가 마음의 기쁨과 기도와 감사의 촛불을 지키지 못하면, 내 안의 성령 하나님은 소멸된다.

그렇다면 성령의 불을 끄려고 불어 오는 바람의 정체는 무엇일까? 그것은 코로나도, 가난도, 전쟁도, 이 세상의 어떤 무시무시한 환난도 아니다. 이 바람은 다름아닌 '두려움'이다. 두려움은 내 안의 기쁨과 기도와 감사를 소멸시킨다.

> 6 그러므로 내가 나의 안수함으로 네 속에 있는 하나님의 은사를 다시 불일 듯하게 하기 위하여 너로 생각하게 하노니 7 하나님이 우리에게 주신 것은 두려워하는 마음이 아니요 오직 능력과 사랑과 절제하는 마음이니 (딤후 1:6-7).

바울이 디모데에게 "네 속에 있는 하나님의 은사를 다시 불일 듯하게" 해야 했다고 말한다. 무슨 말인가. 디모데 안에 계신 성령 하나님이 소멸되어 있었다는 말이다. 그래서 다시 불을 붙여야 했다는 말이다. 왜 그 안에 성령 하나님의 권능이 소멸되었을까? 디모데의 두려움, 겁내는 마음 때문이었다.

사탄이 하나님의 종들을 무력화시키고, 교회와 성도들을 분열시키는 핵심 전략이 무엇인지 아는가? 바로 우리를 위협하는 것이다. 우리 안에 두려움을 심는 것이다. 이 두려움의 바람으로 내 안의 기쁨과 기도와 감사의 불을 소멸시킴으로써 내 안에 계신 성령의 권능을 소멸시키는 것이다. 그래서 낙심과 절망에 사로잡혀 아무것도 할 수 없는 무기력한 사람으로 만들어 버리는 것이다.

7절에서 말하는 '마음'은 헬라어로 '프뉴마', 즉 영을 의미한다.

그리스도인으로 잘 사는 법

두려움은 태도나 기질이 아니라 영의 문제라는 것이다. 즉 두려움은 하나님으로부터가 아니라 사탄으로부터 오는 영이다. 내 안에 내주하시는 성령 하나님을 소멸시키기 위한 사탄의 역사요, 하나님의 사명을 감당하지 못하고 그 자리에 주저앉기 위한 전략이다.

선지자 엘리야는 아합 왕조차 전혀 두려워하지 않고 하나님 말씀을 대언하던 성령 충만한 사람었다. 오랜만에 엘리야를 만난 아합 왕은 이스라엘에 임한 가뭄이 엘리야 책임이라면서 다음과 같이 빈정거렸다.

> 17 엘리야를 볼 때에 아합이 그에게 이르되 이스라엘을 괴롭게 하는 자여 너냐 18 그가 대답하되 내가 이스라엘을 괴롭게 한 것이 아니라 당신과 당신의 아버지의 집이 괴롭게 하였으니 이는 여호와의 명령을 버렸고 당신이 바알들을 따랐음이라(왕상 18:17-18).

엘리야는 왕에게 이스라엘 전역의 바알 선지자 450명과 아세라 선지자 450명을 갈멜산에 불러 모아 줄 것을 제안했다. 그러고는 백성들에게 "송아지 두 마리를 가져오라. 각각 송아지 한 마리씩을 택하여 각을 떠서 불을 붙이지 않은 나무 위에 올려 놓고 너희는 너희 신의 이름을 부르라. 나는 여호와의 이름을 부르리니 이에 불로 응답하는 신 그가 하나님이니라"라고 말했다(왕상 18:23-24).

900대 1의 갈멜산 대결이 펼쳐졌다. 바알 선지자들이 먼저 아침부터 저녁까지 자신의 몸을 칼로 상하게 하면서까지 신을 불러 보았지만 하늘에서는 불이 내려오지 않았다. 이제 엘리야의 차례다. 엘리야는 송아지의 각을 떠서 나무 위에 올려 놓은 다음 도랑을 파서 제물과 제단, 그리고 도랑에까지 물을 붓게 한 후에 하나님을 향해 다음과 같이 기도했다.

> 36 … 아브라함과 이삭과 이스라엘의 하나님 여호와여 주께서 이스라엘 중에서 하나님이신 것과 내가 주의 종인 것과 내가 주의 말씀대로 이 모든 일을 행하는 것을 오늘 알게 하옵소서 37 여호와여 내게 응답하옵소서 내게 응답하옵소서 이 백성에게 주 여호와는 하나님이신 것과 주는 그들의 마음을 되돌이키심을 알게 하옵소서(왕상 18:36-37).

그때 여호와의 불이 내려와서 번제물과 나무를 태우고 도랑에 차 있던 물까지 다 핥아 버렸다. 그리고 엘리야는 바알과 아세라의 선지자 중 한 사람도 놓치지 않고 다 잡아 죽임으로 하나님의 사명을 감당했다.

아합 왕의 아내 이세벨은 자기의 선지자들이 엘리야에 의해 살해당했다는 소식을 듣자마자 엘리야에게 전갈을 보냈다. 내일 이맘때 반드시 엘리야를 잡아 죽이겠다는 내용이었다(왕상 19:2). 엘리야는 긴급하게 광야로 도망쳐 들어갔다. 그리고 그곳에서 차라리 하나님의 손에 죽기를 소원했다(왕상 19:4).

엘리야가 광야로 도망친 것은 이세벨의 위협으로 인한 두려움 때문이었다. 결국 엘리야는 더 이상 하나님의 사명을 이루지 못했다.

그리스도인으로 잘 사는 법

이것이 사탄의 계략이다. 사탄은 우리를 위협해 겁먹게 만든다. 주어진 영적 권위를 망각하고 사명을 포기하게 만든다. 그러므로 이와 같은 이세벨의 위협이 우리 삶에 찾아올 때, 마음속에 두려움이 들어올 때 우리는 이 두려움이 하나님이 아니라 사탄으로부터 온 것임을 즉각적으로 알아차려야 한다. 사탄의 기를 꺾어 버려야 한다. 방법은 아주 단순하다. 어떤 것에도 두려워하지 않는 것이다. 그러나 그것이 말처럼 쉬운 일인가? 그래서 우리가 반드시 알아야 할 사실이 있다.

두려움은 사탄의 속임수다

사탄은 하나님을 이길 수 없다. 또 성도를 이길 수 없다. 성도 안에 성령 하나님이 내주하고 계시기 때문이다.

그래서 사탄은 우리를 두렵게 하기 위해 거짓과 속임수라는 도구를 사용한다. 속이지 않고는 이길 수가 없는 것이다. 이세벨이 엘리야를 죽이겠다 위협했다. 마치 그를 해칠 수 있을 것처럼 속였다. 우리에게도 마찬가지다. 사탄은 우리를 속여서 겁을 먹게 한다. 우리를 해칠 수도 없으면서 마치 해칠 수 있는 것처럼 속인다. 그러지 않고서는 내 안에 계신 성령 하나님을 소멸할 다른 방법이 없다. 내가 하나님의 사명을 감당하지 못하도록 저지할 다른 방법이 없다.

이처럼 두려움은 사탄의 속임수다. 마음에 두려움이 들어온다면 곧바로 사탄의 속임수라는 사실을 간파하고 "예수 그리스도의 이름으로 명하노니 두려움의 영은 떠나갈지어다. 나를 두렵게 하는 사탄의 속임수는 떠나갈지어다" 하고 명령해야 한다. 내 심령 속에 한순간도 두려움이 머물러 있지 못하도록 예수 그리스도의 이름으로 내쫓아야 한다.

두려움을 담대함으로 물리친 성경 인물이 있다. 다윗이다. 그는 그 유명한 골리앗과의 전투에서 고작 물맷돌 다섯 개로 승리했다. 기록에 의하면, 골리앗은 키가 여섯 규빗, 약 290센티미터 정도였다고 한다. 거기다 그의 창날의 무게는 7킬로그램에, 갑옷의 무게는 60킬로그램에 육박했다. 이 무게만 해도 다윗의 몸무게보다 더 나갔을 것이다. 게다가 그는 블레셋 군대와 함께 에베스담밈에 진을 치고 아침 저녁으로 나와 이스라엘 병사들을 모욕하고 비아냥거리고 위협했다.

다윗은 아버지의 심부름으로 형들의 안부를 확인하고 양식을 전해 주러 전장으로 왔다가 깜짝 놀랐다. 골리앗도 골리앗이지만, 그의 저주 앞에 벌벌 떨며 도망치는 이스라엘 군대를 보고 경악한 것이다. 어떻게 그럴 수 있단 말인가? 이스라엘 군대는 하나님의 군대가 아니던가? 이스라엘의 군대 대장은 사람이 아니라 하나님이 아니던가? 다윗이 곁에 있는 사람에게 말했다.

"지금 저 할례받지 않은 골리앗이 만군의 여호와 하나님을 모독하고 있는데, 어떻게 하나님의 군대가 그 앞에서 두려워 떨며 도망칠 수 있습니까?"(삼상 17:26)

이 말을 다윗의 형들이 들었다. 그들은 수치심을 느꼈을 것이다.

그리스도인으로 잘 사는 법

그래서 맏형 엘리압은 다윗에게 버럭 화를 내며 "네가 어찌하여 이리로 내려왔느냐? 전쟁을 구경하려 왔느냐? 들에 있는 양들은 누구에게 맡겼느냐?"라고 말했다. 아마도 엘리압은 다윗을 시기하고 있었던 것 같다. 자기가 장자인데도 엘리야는 다윗에게 기름을 부어 이스라엘의 왕으로 삼았으니 말이다. 어쨌든 다윗은 형의 말에도 아랑곳 않고 바로 사울 왕을 찾아간다. 그리고 "사울 왕이시여, 저 골리앗의 위협으로 말미암아 낙담하지 마십시오. 주의 종이 가서 저 블레셋 사람과 싸우리이다"라고 말한다. 사울은 어린 소년 다윗이 블레셋 장수의 상대가 될 수 없다고 말하지만, 다윗은 그런 사울에게 자신의 경험을 이야기해 준다.

> ³⁴ 다윗이 사울에게 말하되 주의 종이 아버지의 양을 지킬 때에 사자나 곰이 와서 양 떼에서 새끼를 물어가면 ³⁵ 내가 따라가서 그것을 치고 그 입에서 새끼를 건져내었고 그것이 일어나 나를 해하고자 하면 내가 그 수염을 잡고 그것을 쳐죽였나이다 ³⁶ 주의 종이 사자와 곰도 쳤은즉 살아 계시는 하나님의 군대를 모욕한 이 할례 받지 않은 블레셋 사람이리이까 그가 그 짐승의 하나와 같이 되리이다(삼상 17:34-36).

다윗은 사울이 준 갑옷과 무기 대신, 평소 쓰던 물매와 함께 시내에서 매끄러운 돌 다섯 개를 주워 골리앗 앞에 섰다. 골리앗은 자신의 거대한 몸짓과 위협적인 말로 다윗을 겁줬다. 그러나 다윗은 골리앗의 위협에 넘어가지 않았다. 오히려 그 위협을 받아쳤다.

45 다윗이 블레셋 사람에게 이르되 너는 칼과 창과 단창으로 내게 나아 오거니와 나는 만군의 여호와의 이름 곧 네가 모욕하는 이스라엘 군대의 하나님의 이름으로 네게 나아가노라 46 오늘 여호와께서 너를 내 손에 넘기시리니 내가 너를 쳐서 네 목을 베고 블레셋 군대의 시체를 오늘 공중의 새와 땅의 들짐승에게 주어 온 땅으로 이스라엘에 하나님이 계신 줄 알게 하겠고 47 또 여호와의 구원하심이 칼과 창에 있지 아니함을 이 무리에게 알게 하리라 전쟁은 여호와께 속한 것인즉 그가 너희를 우리 손에 넘기시리라(삼상 17:46-47).

다윗은 이 사건에서 세 번이나 위협에 직면했다. 첫째, 형들과 동료들은 다윗을 무시하고 비방하며 낙심시키려 했다. 둘째, 다윗은 사울 왕으로부터도 자신을 무시하는 실망스러운 말을 들었다. 셋째, 겉모습만으로도 골리앗은 대단한 전사였다. 그의 거대한 몸집과 경력, 그리고 다윗의 키보다 더 큰 무기들은 다윗이 스스로를 메뚜기같이 약하고 하찮은 존재로 여기도록 위협했다. 그러나 다윗은 이 모든 위협에 속아 넘어가지 않았다. 왜냐하면 다윗은 하나님이 누구신지 알고 있었기 때문이다.

두려움이 곧 우상 숭배다

사탄은 두려움을 내 안에 심어 무엇을 이루고자 하는 것일까? 바로 하나님의 말씀을 거역하여 인간 스스로 하나님과 같이 되게 하는 일이다. 이것이 간교한 사탄이 우리를 속여 이루고자 하는 궁극적인 뜻이다.

> ⁴ 뱀이 여자에게 이르되 너희가 결코 죽지 아니하리라 ⁵ 너희가 그것을 먹는 날에는 너희 눈이 밝아져 하나님과 같이 되어 선악을 알 줄 하나님이 아심이니라(창 3:4-5).

사탄은 인간 스스로 하나님과 같은 존재가 될 수 있는 것처럼 하와를, 우리를 속였다. 결국 하와는 그 속임수에 넘어가 선악과를 따먹고 말았다. 그래서 우리가 스스로 하나님과 같이 되었는가? 아니다. 하나님이 아닌 다른 무언가를 하나님인 것처럼 의존하는 존재가 되었다. 그것이 바로 우상 숭배의 시작이다.

> 이는 그들이 하나님의 진리를 거짓 것으로 바꾸어 피조물을 조물주보다 더 경배하고 섬김이라 주는 곧 영원히 찬송할 이시로다 아멘(롬 1:25).

모든 우상 숭배는 하나님을 떠나 스스로 하나님과 같이 되고자 하는 교만에서부터 시작된다. 스스로를 하나님과 같이 높일 때 우리는 하나님이 아닌 다른 무언가를 의지하게 되고, 결국 내가 의지하는 그것을 두려워하게 되는 것이다. 그런 의미에서 두려움은 스스로를 하나님처럼 높이는 '인간의 교만'과, 그 교만의 결과인 '우상 숭배'에 그 뿌리를 두고 있다. 한마디로, 인간의 두려움은 하나님을 반역한 죄의 열매다.

하나님은 사울을 이스라엘의 초대 왕으로 세우셨다. 어느 날 사무엘은 사울 왕에게 하나님의 명령을 전달한다. 지금 가서 아말렉을 치고, 그들의 모든 소유를 남기지 말고 진멸하라는 명령이다. 그러나 사울은 기름진 어린양과 모든 좋은 것은 진멸하지 않았다. 거기다 자기를 위한 기념비까지 세웠다. 하나님은 사울을 왕으로 세우신 것을 후회하셨다. 사무엘은 밤새 하나님께 기도하고 다시 사울을 만났다. 그리고 어찌하여 하나님의 명령에 따르지 않았느냐고 물었다. 사울이 말한다.

사울이 사무엘에게 이르되 내가 범죄하였나이다 내가 여호와의 명령과 당신의 말씀을 어긴 것은 내가 백성을 두려워하여 그들의 말을 청종하였음이니이다(삼상 15:24).

사울은 하나님을 두려워하지 않고 백성을 두려워하였다. 그래서 하나님의 말씀이 아니라 백성의 말을 청종하였다. 왜 그랬을까? 스스로를 높이고자 하는 마음 때문이다. 두려움의 근원은 스스로 하나님과 같이 되고자 하는 마음, 자기 자신을 숭배하는 마음, 한마디로 자기 자신에 대한 사랑이다. 현대인들의 머릿속에 가득 차 있는 생각은 오로지 하나다. '나는 어떻게 될 것인가?' '나에게 왜 이런 일이 생기는가?' 이러한 나로 가득찬 마음, 나에게 집착하는 마음의 근원은 모두 두려움이다.

그리스도인으로 잘 사는 법

¹⁸ 사랑 안에 두려움이 없고 온전한 사랑이 두려움을 내쫓나니 두려움에는 형벌이 있음이라 두려워하는 자는 사랑 안에서 온전히 이루지 못하였느니라 ¹⁹ 우리가 사랑함은 그가 먼저 우리를 사랑하셨음이라(요일 4:18-19).

사탄은 오늘도 우리를 속인다. 마치 성령 하나님이 나를 돌보시지 않는 것처럼 우리를 속인다. 그래서 우리가 자신을 의지하게 만들고, 자신만을 사랑하게 만들며, 형제에 대한 사랑을 잃어버리게 만든다. 그러나 우리는 하나님의 사랑을 받는 자다. 내가 나를 책임지는 삶이 아니다. 내 안에 계신 성령 하나님이 우리 삶을 책임지신다. 그러므로 내가 스스로 하나님 노릇하는 것을 내려놓고 나를 향한 성령 하나님의 사랑을 기억하라. 그럴 때 내 안에 사랑이 충만해질 것이다. 그 사랑으로 서로를 사랑하라. 이와 같은 온전한 사랑이 두려움을 내쫓는다.

chapter 03

하나님의 섭리는 악조차 선으로 바꾸십니다

_ 고후 12:7-10

우리는 흔히 모든 상황이 내가 원하는 대로 잘 진행될 때는 하나님의 뜻에 따라 차질 없이 이루어지고 있다고 생각한다. 반면 바라고 원하는 일이 진행되지 않거나 보기에 바람직하지 않은 방식으로 전개되면 하나님의 뜻이 제대로 이뤄지지 않고 있다고 생각한다. 왜냐하면 많은 사람이 '직관적인 세계관'을 가지고 살아가기 때문이다. 직관적 느낌, 눈앞에 보이는 것 대로만 세상을 이해하고 판단하며 살아가는 것이다. 그런데 이렇게 살아가면 망할 수밖에 없다.

태초의 선악과 사건이 그것을 잘 보여 준다. 하와가 처음 선악과를 봤을 때 어떤 생각을 했는가? 먹음직도 하고 보암직도 하고 탐스럽기까지 했다고 말한다. 그런데 그 열매를 먹고 나서는 어떻게 되었는가? 죽게 되었고, 소경이 되었고, 어리석은 자가 되고 말았다. 그러므로 현재 우리 상황이 어떻게 보이든, 어떻게 느껴지든 감각적인 또는 이성적인 직관으로만 이해하고 판단하며 행동해서는 안 된다. 그것은 우리 모두가 죄인의 길에서 죄인들과 함께 망하는 길이다. 직관으로 보고 이해하는 것이 전부가 아니다. 먹음직해 보인다고 해서 먹을 수 있는 것이 아니듯, 좋아 보인다고 좋은 것도, 나빠 보인다고 나쁜 것도 아니다.

사탄은 모든 것을 우리의 직관으로 이해하고 판단하며 행동하라고 속삭인다. 그러나 하나님은 우리의 직관을 의지하지 말고 오직 하나님을 믿는 믿음으로 모든 것을 보고 이해하고 행동하라고 말씀하신다.

> [1] 복 있는 사람은 악인들의 꾀를 따르지 아니하며 죄인들의 길에 서지 아니하며 오만한 자들의 자리에 앉지 아니하고 [2] 오직 여호와의 율법을 즐거워하여 그의 율법을 주야로 묵상하는도다 [3] 그는 시냇가에 심은 나무가 철을 따라 열매를 맺으며 그 잎사귀가 마르지 아니함 같으니 그가 하는 모든 일이 다 형통하리로다 [4] 악인들은 그렇지 아니함이여 오직 바람에 나는 겨와 같도다(시 1:1-4).

자신의 직관을 의지하여 살아가는 사람들은 자기 자신에게 뿌리를 내리고 살아가는 것과 같다. 그래서 바람이 불면 그 바람의 방향에 따라 날아다니는 삶을 살아갈 수밖에 없다. 그러나 하나님에게 뿌리를 내리고 살아가면 열매 맺는 삶, 형통한 삶을 산다. 즉 우리 삶에 필요한 것은 직관이 아니라 '믿음'이다.

하나님의 섭리에서 오는 유익

그렇다면, 하나님을 믿는 믿음으로 살아간다는 것은 구체적으로 무엇을 의미하는가? '하나님의 주권'을 믿는 것이다.

하나님은 당신의 기뻐하시는 뜻을 성취하시기 위해서 전지전능하신 주권을 사용하신다. 우리는 이것을 '하나님의 주권적 섭리', 즉 '하나님의 섭리'라고 부른다. 그렇다면, 하나님이 기뻐하시는 뜻, 성취하기 원하시는 일은 무엇인가? 우리로부터 찬송과 영광을 받으시는 것이다. 하나님이 하시는 모든 일의 궁극적인 목적이 여기에 있다.

이 백성은 내가 나를 위하여 지었나니 나를 찬송하게 하려 함이니라

(사 43:21).

하나님이 하시는 모든 일의 궁극적인 목적은 찬송과 영광을 받으시는 것이다. 즉 하나님을 위한 일이다. 그러나 그게 곧 우리를 위한 일이기도 하다. 우리의 찬송은 언제나 하나님을 향한 우리의 기쁨과 감사의 표현이기 때문이다. 그러므로 하나님의 섭리, 즉 하나님이 궁극적으로 이루고자 하시는 뜻이 우리의 찬송을 받으시는 것이라면, 그것은 곧 하나님의 모든 섭리 사역이 우리의 기쁨을 위한 것이기도 하다는 사실을 의미한다. 그래서 '하나님을 위하여'와 '우리를 위하여'는 서로 모순되지 않는다. 존 파이퍼(John Piper)의 말대로, 하나님이 스스로를 위해서 행하시는 일은 곧 우리를 위한 최고

그리스도인으로 잘 사는 법

의 사랑의 행위다.

이는 모든 것이 너희를 위함이니 많은 사람의 감사로 말미암아 은혜가 더
하여 넘쳐서 하나님께 영광을 돌리게 하려 함이라(고후 4:15).

직관적으로 보기에 하나님의 길은 우리의 길과 항상 다르다. 그러나 항상 높게 다르다. 항상 더 좋게 다르다. 언제나 더 완전하게 다르다. 하나님은 우리가 생각하거나 기대하는 것과는 다르게 일하실 것이다. 그러나 항상 우리에게 좋은 방식으로, 우리의 유익을 도모하는 방식으로 일하실 것이다. 믿음으로 살아간다는 것은 바로 이와 같은 하나님의 섭리를 믿는 것을 의미한다. 우리는 어떤 상황에서든 하나님의 뜻은 우리를 위하는 방식으로 이뤄질 수밖에 없음을 믿어야 한다.

우리는 이렇게 고백할 수밖에 없다.

깊도다 하나님의 지혜와 지식의 풍성함이여, 그의 판단은 헤아리지 못할 것이며 그의 길은 찾지 못할 것이로다(롬 11:33).

비록 우리의 상황이 이해하거나 받아들이기 어렵다 할지라도, 상황과 상관없이 하나님의 뜻은 이뤄지고 있고, 그것은 언제나 우리의 유익을 위한 일이 될 것이다.

그래서 우리는 모든 상황 속에서 항상 하나님을 기뻐해야 한다.

항상 감사해야 한다. 바로 이 기쁨과 감사가 우리의 기도 안에 항상 들어가 있어야 한다.

"항상 감사하겠나이다. 항상 기뻐하겠나이다. 낙망하지 않고 항상 부르짖겠나이다."

이와 같은 서원, 서약을 하나님께 드리는 것이 믿음이다.

육체의 가시도 하나님의 섭리다

우리가 특별히 이해해야 할 하나님의 섭리가 있다. 그것은 바로 '사탄을 다스리시는 하나님의 섭리'다. 사탄은 빛의 천사로 가장하여 우는 사자와 같이 두루 삼킬 자를 찾아다닌다. 사탄이 이 세상은 물론 이 땅의 성도들과 교회에 끼치는 해악은 이루 말할 수가 없다. 그들은 성도와 교회는 물론, 하나님의 계획을 무너뜨리는 일에 총력을 기울인다.

그렇다면 하나님은 도대체 왜 이런 사탄을 내버려 두시는 것일까? 하나님은 사탄을 사용하셔서 그들을 타도하고 계시다. 비록 사탄이 이 세상에서 악을 행하고 하나님과 그분의 백성을 대적하고 있는 것처럼 보이지만, 하나님은 그 사탄의 훼방을 사용하셔서 세상 가운데 하나님 나라를 더욱 강력하게 이뤄 가신다. 그렇게 하심으로써 하나님의 지혜와 능력이 사탄의 모든 지혜와 능력을 압도한다는 사실을 우리에게 가르쳐 주신다. 이것이 바로 하나님이 사탄을 내버려 두시는 이유요, 섭리다. 이 사실을 깨닫게 될 때 우리는 하나님의 놀라운 지혜와 능력을 기뻐하며 찬송하게 되고, 하나님은 그와 같은 기쁨의 찬송을 통해 영광을 받으시게 된다.

바울에게는 삶과 사역을 끊임없이 괴롭히는 '육체의 가시'가 있었다. 어떤 사람은 그것이 눈의 질병이나 간질이었을 것이라고 말하지만, 정확하게는 알 수 없다. 분명한 것은 그 육체의 가시가 바울이 하나님의 사명과 사역을 감당하는 일에 치명적인 고통을 가져다주는 질병이었을 거라는 사실이다. 그래서 바울은 자신의 질병을 '사탄의 사자'라고 표현했다. 그 이유는 큰 고통 때문이기도 했겠지만, 그보다 더 중요한 이유는 그 질병을 통해 자신의 사명과 사역을 끊임없이 훼방하고 공격하는 사탄의 역사를 피부로 느꼈기 때문이었을 것이다. 바울의 강력한 복음전도로 복음이 어떻게 이방 세계에 퍼져 나갔는지를 보면, 사탄이 얼마나 바울의 사역을 두려워했고 증오했을지를 쉽게 짐작할 수 있다. 당연히 사탄은 바울을 그냥 내버려 둘 수가 없었다. 총력을 기울여서 바울의 선교 사역을 방해하고 공격했다. 바울은 유대인들에게 구타당하고, 광야와 바다에서 위험을 당하고, 투옥되고, 비방과 모독, 모함을 당했다. 이렇게 사탄은 끊임없이 바울에게 사탄의 사자를 보냈다. 육체의 가시도 그 중 하나였다.

사탄은 질병을 이용해 바울을 아주 효과적으로 공격했다. 그런데 놀라운 사실은 그와 같은 공격이 사실은 하나님으로부터 말미암은 것이라는 사실이다. 하나님의 주권적 섭리였다는 말이다.

여러 계시를 받은 것이 지극히 크므로 너무 자만하지 않게 하시려고 내 육체에 가시 곧 사탄의 사자를 주셨으니 이는 나를 쳐서 너무 자만하지 않게 하려 하심이라(고후 12:7).

하나님은 왜 바울에게 육체의 가시를 허락하셨을까? 왜 그 위대한 사명과 함께, 사명을 치명적으로 공격하는 고통을 주신 것일까? 하나님은 바울이 자만해질 수 있다는 사실을 아셨다. 여리고성에서 승리한 이후 아이성에서 패배했던 이스라엘처럼, 왕이 된 이후 하나님의 명령에 불순종했던 사울처럼, 바울도 하나님의 놀라운 능력과 사명을 행하는 과정에서 자만해지고픈 사탄의 유혹을 받게될 것임을 알고 계셨다. 그래서 하나님은 '질병'이라고 하는 사탄의 가시를 사용하셔서 '교만'이라고 하는 사탄의 유혹을 치신 것이다.

하나님의 백성들에게 자만함과 교만함을 불어넣는 것은 사탄의 가장 핵심적인 전략이다. 자만과 교만은 우리를 하나님의 능력으로부터 떨어져 나가게 만들어 마른 가지처럼 무기력하게 만들기 때문이다. 사탄은 바울이 자만해지기를 바랐다. 그래서 하나님의 사역을 훼방하고 무너뜨리기를 원했다. 또한 사탄은 바울의 육체를 질병의 가시로 찔러 하나님 일을 제대로 감당하지 못하게 하려고 했다. 그러나 하나님은 '사탄의 가시'(질병)로 '사탄의 유혹'(교만)을 치셔서 오히려 바울을 겸손하게 만들어 주셨다. 그래서 하나님의 능력이 머물러 있게 만들어 주셨다. 사탄의 공격을 사용하셔서 오히려 바울을 더욱 강력하게 만들어 주신 것이다.

⁸ 이것이 내게서 떠나가게 하기 위하여 내가 세 번 주께 간구하였더니 ⁹ 나에게 이르시기를 내 은혜가 네게 족하도다 이는 내 능력이 약한 데서 온전하여짐이라 하신지라 그러므로 도리어 크게 기뻐함으로 나의 여러 약한 것들에 대하여 자랑하리니 이는 그리스도의 능력이 내게 머물게 하려 함이라(고후 12:8-9).

바울은 사탄의 계략을 이용하시는 하나님의 섭리를 알았다. 그래서 육체의 가시로 말미암아 슬퍼하지 않고 오히려 기뻐하며 하나님께 모든 영광과 찬송을 드렸다.

그러므로 내가 그리스도를 위하여 약한 것들과 능욕과 궁핍과 박해와 곤고를 기뻐하노니 이는 내가 약한 그 때에 강함이라(고후 12:10).

하나님이 사탄의 가시를 통해서 우리의 유익을 위해 일하고 계심을 깨닫게 될 때, 우리는 내 약한 것들과 능욕과 궁핍과 박해와 곤고를 오히려 기뻐하게 하고, 그와 같은 기쁨을 통해 하나님은 영광을 받으시게 된다. 할렐루야!

어느 목사님이 일본의 한 교회에 초청되어 설교를 했다. 예배 중에 남성 중창단의 특별 찬송 순서가 있었다. 그런데 찬양하러 나온 세 명의 남자를 보고 깜짝 놀랐다. 그들은 야쿠자였다. 큰 체구, 걸어 나오는 자세, 입고 있는 옷, 팔과 목을 장식하는 문신들이 보기에도 위압적이었다. 그런데 막상 그들이 찬양을 부르기 시작하자 너무나 아름다운 목소리에 또 한번 놀랐다. 찬양을 마치고 한 사람이 짧게 간증을 했다.

"우리에게는 세 가지 공통점이 있습니다. 하나는 우리가 다 야쿠자였다는 사실입니다. 또 하나는 아내가 다 한국 사람이라는 사실입니다. 그들은 예수님을 잘 믿는 사람들이었고, 남편인 우리를 위하여 기도를 많이 하고 금식하여 결국 우리는 예수님을 믿고 영접하게 되었습니다. 셋째는….".

세 사람이 왼손을 앞으로 펼쳤다. 모두가 깜짝 놀랐다. 그들은 모두 새끼손가락이 없었다. 그것이 무엇을 의미하는지 일본인들은 너무나 잘 알고 있었다. 예배당이 숙연해졌다. 그들은 야쿠자의 간부였지만, 예수님을 믿고 구원의 은혜를 알고 나니 더는 그 생활을 계속할 수 없었다. 그래서 조직을 떠날 결심을 했다. 이 사실을 두목에게 통보하자 두목은 모든 조직원이 모인 자리에서 발표했고, 앞에 있는 탁자에 칼을 꽂더란다. 그들은 새끼손가락을 내주고 나서야 조직에서 나올 수 있었다.

이 일화를 나눈 목사님이 교인들에게 물었다.

"여러분은 예수님을 믿기 위하여 무엇을 잘라내었습니까?"

지금껏 이보다 더 살벌한 예화를 들어 본 적이 없다. 험상궂은 겉모습의 야쿠자라도 아름다운 목소리의 찬양이 흘러나올 수 있다. 예수 그리스도를 위해 새끼손가락을 잘라 냈는데 그 목소리가 어떻게 은혜롭지 않을 수 있는가?

사탄은 이들의 삶을 해하려 했다. 그러나 하나님은 그와 같은 계략을 사용하셔서 오히려 더욱 놀라운 하나님의 은혜의 도구로 사용하셨다. 그들의 잘려 나간 새끼손가락은 하나님이 바울에게도 허락하셨던 육체의 가시라 할 수 있을 것이다.

> 당신들은 나를 해하려 하였으나 하나님은 그것을 선으로 바꾸사 오늘과 같이 많은 백성의 생명을 구원하게 하시려 하셨나니(창 50:20).

사탄은 언제나 하나님의 영광을 가리고 하나님의 백성들의 유익을 해치는 일에 총력을 기울이고 있다. 그러나 하나님은 그와 같은 사탄의 계략을 사용하셔서 오히려 하나님의 영광을 드러내고, 그의 백성의 유익을 도모하며, 사탄의 머리를 치는 일을 하고 계신다.

그러므로 항상 기뻐하라. 쉬지 말고 기도하라. 범사에 감사하라. 이것이 우리를 향하신 하나님의 뜻이다. 모든 것에 합력하여 선을 이루시는 하나님의 섭리를 믿는 믿음으로 힘이 없는 상황에서도 힘을 내라. 기뻐할 수 없는 상황 속에서도 기쁨을 내라. 하나님의 섭리를 믿는 믿음으로 도저히 감사할 수 없는 상황에서도 감사를 내라. 그것이 두려움으로 우리를 무력화시키는 사탄의 공격을 무력화시키는 길이요, 하나님을 기쁘시게 하며 그 능력이 우리의 삶에 머물러 있게 하는 길이다. 그리고 그것이 복 있는 자, 형통한 삶의 비결이다.

Part 2

환난
가운데서
중심을
지킨다는 것

chapter 04.

슬기로운 신앙생활은 고난에서 시작합니다

_ 벧전 1:5-7

하나님은 우리 삶을 향한 분명한 뜻과 목적을 갖고 계시다. 그것을 이해하는 것이 바로 슬기로운 신앙생활의 출발점이다. 과연 우리를 향한 하나님 아버지의 뜻과 목적은 무엇일까? 바로 우리의 '변화'다. 하나님이 우리를 자녀로 부르신 목적은 우리가 하나님의 아들, 그리스도의 형상으로 변화되게 하기 위함이다.

무릇 시온에서 슬퍼하는 자에게 화관을 주어 그 재를 대신하며 기쁨의 기름으로 그 슬픔을 대신하며 찬송의 옷으로 그 근심을 대신하시고 그들이 의의 나무 곧 여호와께서 심으신 그 영광을 나타낼 자라 일컬음을 받게 하려 하심이라(사 61:3).

'슬픔의 재'가 '화관'이 되고, '기쁨의 기름'이 '슬픔'을 대신하며,

그리스도인으로 잘 사는 법

'근심'이 변하여 '찬송'이 되는 삶. 이와 같은 변화를 누리기 위한 조건이 그리스도의 형상을 닮아 가는 것이다. 이것이야말로 슬기로운 신앙생활의 본질이라 할 수 있다.

그렇다면, 이와 같은 변화는 어떻게 이뤄지는가? '고난'을 통해서 이뤄진다. 하나님이 성도들을 변화시키기 위해서 사용하시는 도구가 바로 고난이다. 그래서 성도의 신앙생활은 항상 고난과 맞물려 있다. 일반적으로 사람들이 오해하고 있는 것 중 하나가 신앙생활을 열심히 하면 삶에 고난이 사라질 것이라는 생각이다. 그렇지 않다. 신앙생활을 나무에 비유한다면, 고난은 신앙을 성장시키는 자양분이요 토양이다. 우리 신앙생활이 고난이라는 토양에 뿌리를 내려야만 '그리스도의 형상'이라고 하는 열매를 맺게 된다. 고난이 사라지면 신앙생활도 뿌리째 뽑혀 소멸되고 만다. 따라서 고난은 슬기로운 신앙생활의 '대적'이 아니요, '조건'이다.

타락한 이 세상 속에서 살아가고 있는 슬기로운 성도는 고난이 우리 삶의 피할 수 없는 일부라는 사실을 알아야 한다. 고난은 사람을 차별하지 않는다. 의인과 악인, 성도와 불신자를 차별하지 않는다. 이 땅의 모든 사람은 다 죄가 지배하는 세상 속에서 살아가고 있고, 그래서 우리는 모두 죄의 삯인 고난을 당한다.

어떤 그리스도인들은 고난을 인과응보적인 관점으로 생각한다. 하나님에게 불순종하는 삶을 살면 고난이 찾아올 것이고, 하나님에게 순종하면 고난이 나를 피해 갈 것이라고 생각하는 것이다. 그러나 그렇지 않다. 당대에 가장 의로운 사람이었다던 욥에게도 고난은 불어닥쳤다. 고난의 문제를 언제나 인과응보적인 관점으로만 바라볼 수는 없다는 사실을 가르쳐 주고 있다. 고난은 사람을 차별하지 않는다. 의인과 악인을 차별하지 않고, 성도와 불신자를 차별하지 않는다. 이 땅의 모든 사람은 다 죄가 지배하는 세상 속에서 살아가고 있고, 그래서 우리 모두는 죄의 삯인 고난을 당한다. 슬기로운 성도는 고난이 우리 삶의 피할 수 없는 일부라는 사실을 알아야 한다.

그러므로 성도가 고난을 당한다는 사실에 놀라지 않게 되기를 축복한다. 고난을 이상하거나 놀라운 경험으로 생각하지 않게 되기를 바란다. 성도의 고난은 당연한 것이다. 나만 특별히 고난을 받는 것도 아니고, 내가 죄를 많이 지어서 다른 사람들보다 더 큰 고난을 당하는 것도 아니다. 내가 고난을 당한다고 하나님께 버림을 받은 것은 더더욱 아니다. 이 세상에서 가장 많은 고난을 당한 분이 누구인가? 예수 그리스도다. 그렇다면, 예수 그리스도가 죄를 많이 지어서 고난을 당하셨는가? 예수님이 하나님으로부터 버림을 받으셨기 때문에 그렇게 많은 고난을 당하신 것인가? 아니다.

그래서 성경은 성도의 고난을 '연단'이라고 부른다. 고난의 사전적 의미는 '살아가면서 겪는 괴롭고 힘든 일이나 상황'이지만, 연단은 '쇠붙이를 불에 달군 후 두드려서 단단하게 하는 것, 몸과 마음을 굳세게 하는 것'이다. 성도의 고난은 단순히 괴롭히고 힘든 것으로 끝나지 않는다. 성도를 더욱 단단하고 굳세게 만들어 준다. 따라서 고난은 도구요, 연단이 목적이라 할 수 있다.

그렇다면, 하나님은 고난을 통하여 우리의 무엇을 연단 하시는가?

고난은 우리의 믿음을 연단한다

성경은 다른 모든 것이 있어도 믿음이 없이는 하나님을 기쁘시게 할 수 없다고 말씀한다(히 11:6). 믿음은 하나님을 기쁘시게 하는 유일한 조건이다.

믿음이란 무엇인가? 첫째, 하나님이 계심을 믿는 것이다. 둘째, 하나님은 당신을 찾는 자들에게 상을 주시는 이심을 믿는 것이다. 셋째, 앞의 두 믿음으로 하나님께 나아가는 것이다. 이 약속의 말씀을 믿고 여호와께로 나아가 모든 짐을 맡길 때 하나님은 우리를 붙드시고 요동치지 않게 하시는 상을 베풀어 주신다. 이 약속의 말씀을 믿고 여호와께로 나아가 부르짖을 때 우리는 우리를 모든 환난과 원수의 공격으로부터 구원해 주시는 하나님의 상을 받게 되는 것이다.

예수님이 회당장 야이로의 열 두살 된 외동딸이 죽게 되었다는 소식을 들으시고는 급히 그의 집에 가는 길이었다. 그때 열두 해 동안 혈루증을 앓고 있던 한 여인이 조용히 와서 예수님의 옷에 손을 댔다. 그러자 즉시 혈루증이 나았다(눅 8:40-48). 예수님은 자신에게서 능력이 나간 것을 아시고 "내게 손을 댄 자가 누구냐" 물으셨다. 옆에 있던 베드로가 "여기에 이렇게 많은 사람이 주님을 밀어대고 있는데, 누가 주님에게 손을 댔는지 어떻게 알 수 있겠습니까?" 했다. 여인은 예수님 앞에 자신을 숨길 수 없다는 사실을 알고 나아와 이실직고했다. 그때 예수님이 말씀하셨다.

"딸아, 네 믿음이 너를 구원하였으니 평안히 가라."

너희는 말세에 나타내기로 예비하신 구원을 얻기 위하여 믿음으로 말미암아 하나님의 능력으로 보호하심을 받았느니라(벧전 1:5).

오직 믿음으로 하나님께 나아갈 때 우리는 모든 환난과 미혹, 질병과 원수 사탄의 공격으로부터 보호하시고 구원하시는 하나님의 능력을 경험하는 상을 받게 된다. 그런데 그와 같은 믿음을 성장시키는 것이 바로 고난이라는 것이다.

6 그러므로 너희가 이제 여러 가지 시험으로 말미암아 잠깐 근심하게 되지 않을 수 없으나 오히려 크게 기뻐하는도다 7 너희 믿음의 확실함은 불로 연단하여도 없어질 금보다 더 귀하여 예수 그리스도께서 나타나실 때에 칭찬과 영광과 존귀를 얻게 할 것이니라(벧전 1:6-7).

하나님은 우리의 연약한 믿음을 불같은 시험으로 연단하여 '확실한 믿음'으로 변화시켜 주신다. 그리고 그와 같은 확실한 믿음을 가진 자들에게 하나님은 '칭찬과 영광과 존귀'라는 상을 베풀어 주신다. 바울도 이와 같은 환난을 통하여 자신의 믿음이 성장할 수 있었

그리스도인으로 잘 사는 법

음을 고린도 교회 성도들에게 고백하고 있다.

> [3] 찬송하리로다 그는 우리 주 예수 그리스도의 하나님이시요 자비의 아버지시요 모든 위로의 하나님이시며 [4] 우리의 모든 환난 중에서 우리를 위로하사 우리로 하여금 하나님께 받는 위로로써 모든 환난 중에 있는 자들을 능히 위로하게 하시는 이시로다(고후 1:3-4).

바울은 자신이 경험한 하나님을 "자비의 아버지시요 모든 위로의 하나님"이시라고 간증한다. 바울은 이와 같은 사실을 어떻게 알게 되었는가? 환난을 통해서 알게 되었다. 환난 중에 하나님의 자비와 위로를 경험했기 때문에 지금 같은 환난에 처한 고린도교회 성도들을 능히 위로할 수 있게 되었다고 고백하고 있다.

> [6] 우리가 환난 당하는 것도 너희가 위로와 구원을 받게 하려는 것이요 우리가 위로를 받는 것도 너희가 위로를 받게 하려는 것이니 이 위로가 너희 속에 역사하여 우리가 받는 것 같은 고난을 너희도 견디게 하느니라 [7] 너희를 위한 우리의 소망이 견고함은 너희가 고난에 참여하는 자가 된 것같이 위로에도 그러할 줄을 앎이라… [10] 그가 이같이 큰 사망에서 우리를 건지셨고 또 건지실 것이며 이 후에도 건지시기를 그에게 바라노라 (고후 1:6-10).

바울은 환난을 통하여 하나님의 구원의 능력을 경험했다. 앞으로 자신이 어떤 환난을 당하더라도 하나님이 자신을 구원해 주실 것이라는 사실을 확신하게 되었다. 따라서 지금 환난을 당하는 자가 있다면 누구든 죽은 자도 살리시는 하나님을 믿고 의지하기만 하면 같은 위로와 자비의 하나님, 구원의 하나님을 만나게 될 것이라고 강력하게 증언하고 있는 것이다. 바울의 확실한 믿음은 푸른 초장에서 만들어지지 않았다. 힘에 겹도록 심한 고난을 당하여 살 소망까지 끊어지는 환난 속에서 만들어졌다.

"자라 보고 놀란 가슴 솥뚜껑 보고 놀란다"는 우리나라 속담이 있다. 의학 용어로는 '외상 후 스트레스 장애'라고 부를 수 있을 것이다. 전쟁이나 고문, 자연재해, 각종 사고 등으로 죽음의 문턱까지 갔다가 살아 돌아온 사람들, 혹은 사랑하는 사람의 죽음, 별거와 이혼, 질병, 실직, 재정 악화 등을 겪은 사람들이 그 충격에서 벗어나지 못하고 계속된 공포와 고통을 느끼는 것이다. 어떤 사람들은 심각한 우울증과 불안장애 같은 정신적 질환뿐 아니라, 심장질환과 같은 신체적 질환으로 이어져 정상적인 생활 자체가 어려워지기도 한다.

그런데 고통스러운 일을 경험한 모두가 외상 후 스트레스 장애로 고통받는 것은 아니다. 오히려 '심리적 외상 후 성장'을 경험하는 사람들도 있다. 대표적인 인물이 다윗이다. 그는 기름부음을 받은 후부터 계속해서 사울로부터 연단을 받는다. 죽음의 고비도 몇 번이나 넘긴다. 그러나 그 연단 속에서 다윗의 기도는 갈수록 간절해지고, 하나님을 향한 믿음은 더욱 강화되었다. 다윗은 환난 속에서 하나님을 찾으며 나아가는 자는 반드시 구원을 선물로 받게 될 것임을 더욱 확신하게 되었다. 이처럼 환난은 우리의 믿음을 연단하시는 하나님의 도구다.

고난은 우리의 순종을 연단한다

믿음은 하나님을 의지하는 것이다. 그렇다면, 하나님을 의지하는 것은 구체적으로 어떻게 나타나는가? 하나님의 말씀과 명령에 순종하는 것으로 나타난다. 그것이 하나님을 의지하는 것이고, 믿는 것이다.

게네사렛 호수에서 어부 생활을 하던 한 사람이 있었다. 베드로다. 그는 평생을 그 호숫가에서 물고기를 잡았는데, 하루는 이상하게 한 마리도 잡지 못했다. 빈손으로 호숫가로 돌아와 그물을 손질하는데, 웬 젊은 남자가 찾아와 배에 올라 그곳 사람들에게 하나님 말씀을 가르치더니 갑자기 베드로에게 깊은 데로 가서 그물을 던지라고 말씀하신다(눅 5:3-4). 베드로로서는 당황스러운 일이다. 그는 평생을 이 호숫가에서 물고기를 잡았다. 호수 사정은 누구보다 빠삭했다. 예수님의 말씀에 "무슨 말도 안 되는 소리를 하십니까? 이 일은 제가 전문갑니다" 했을 수도 있다. 그러나 베드로는 말한다.

시몬이 대답하여 이르되 선생님 우리들이 밤이 새도록 수고하였으되 잡은 것이 없지마는 말씀에 의지하여 내가 그물을 내리리이다 하고(눅 5:5).

북이스라엘의 7대 왕 아합이 이스라엘을 다스리던 시절, 하나님이 이스라엘 전역에 심각한 가뭄을 일으키셨다. 그때 여호와의 말씀이 엘리야에게 임하셨다.

> 너는 일어나 시돈에 속한 사르밧으로 가서 거기 머물라 내가 그곳 과부에게 명령하여 네게 음식을 주게 하였느니라(왕상 17:9).

하나님의 말씀에 순종하여 사르밧에 도착한 엘리야는 말씀대로 한 과부를 만난다. 엘리야는 과부에게 떡 한 조각을 내오라고 명령한다. 그러자 과부는 "나는 떡이 없고 다만 통에 가루 한 움큼과 병에 기름 조금이 남았습니다. 이것으로 아들과 음식을 만들어 먹고 죽으려던 참이었습니다"라고 대답했다. 이 비참한 상황에서 엘리야는 과부에게 상식적으로 납득하기 어려운 하나님의 명령을 전한다.

> [13]엘리야가 그에게 이르되 두려워하지 말고 가서 네 말대로 하려니와 먼저 그것으로 나를 위하여 작은 떡 한 개를 만들어 내게로 가져오고 그 후에 너와 네 아들을 위하여 만들라 [14]이스라엘의 하나님 여호와의 말씀이 나 여호와가 비를 지면에 내리는 날까지 그 통의 가루가 떨어지지 아니하고 그 병의 기름이 없어지지 아니하리라 하셨느니라 [15]그가 가서 엘리야의 말대로 하였더니 그와 엘리야와 그의 식구가 여러 날 먹었으나 [16]여호와께서 엘리야를 통하여 하신 말씀 같이 통의 가루가 떨어지지 아니하고 병의 기름이 없어지지 아니하니라(왕상 17:13-16).

그리스도인으로 잘 사는 법

밤이 새도록 한 마리의 물고기도 잡지 못한 절망적인 베드로나, 온 세상에 임한 가뭄 때문에 아들과 때 이른 죽음을 준비하고 있는 이 비참한 과부의 모습 속에서 우리는 인간의 지혜나 능력으로는 절대로 해결할 수 없는 문제를 만난 연약한 우리 모습을 보게 된다. 그들이 마주한 현실은 하나님이 의도적으로 허락하신 상황이었다. 왜 이런 상황을 허락하실까? 바로 우리 믿음과 순종을 연단하시기 위함이다. 어떤 상황에서든지 절망적인 환경이나 내 연약함에 집중하지 않고 살아계신 '하나님의 음성'에 귀를 기울이는 것을 연단하시기 위함이다.

따라서 우리는 인간의 힘과 지혜로는 절대 해결할 수 없는 환난을 만나면 하나님의 음성을 듣고, 그 음성에 순종해야 한다. 하나님의 음성이 임할 때까지 말씀과 기도의 자리에서 기다려야 한다. 밤이 맞도록 수고했지만 얻은 것이 없을 때, 더 이상 살길이 없어 죽음으로 피하는 것 외에는 다른 길이 보이지 않을 때, 우리가 해야 할, 우리가 할 수 있는 유일한 일은 기도와 말씀으로 나아가는 것이다. 잠잠히 성령 하나님의 음성에 귀를 기울이는 것이다.

하나님의 말씀에는 두 종류가 있다. 하나는 보편적으로 모든 사람에게 주어지는 말씀, 로고스다. 그것과 달리 나에게만 주시는 매우 특별하고 개인적인 하나님의 말씀이 있다. 이것을 레마라고 한다. 활자로 기록된 말씀은 로고스고, 이 말씀에 활력이 붙어 내 혼과 영과 관절과 골수를 찔러 쪼개 마음의 생각과 뜻을 판단하고 벌거벗은 것처럼 드러내는 일을 하고 있다면 이것이 레마다. 늘 보던 말씀인데 어느 날 하나님의 살아 있는 음성으로 들려 감동과 눈물이 밀려온다면 이것이 레마다. 로고스의 말씀을 통해 내게 들려주시는 레마의 음성을 의지해야 한다. 그와 같은 레에마의 음성을 듣기 위해 우리는 매일 하나님의 말씀을 읽고, 기도의 자리로 나가 성령의 음성에 귀를 기울이는 삶의 습관을 키워 가야 한다. 그와 같은 시간을 수 주, 수 년 축적하다 보면, 어느 순간 우리 고막에 성령의 파동이 일어나는 것을 경험하게 될 것이다. 그때 그 파동을 붙잡아라. 그것이 성령의 음성이다. 그리고 그 음성대로 덮어놓고 순종하라. 그때 우리는 베드로가, 사르밧 과부가 경험한 하나님의 구원을 경험하게 될 것이다.

하나님의 음성을 듣기 위해서는 어떻게 해야 할까?

첫째, 마음을 비워라. 그리스도인들이 기도에 대해 갖고 있는 잘못된 태도가 하나 있는데, 그것은 기도를 통해 "자신의 뜻"을 이루고자 하는 태도다. 하나님의 생각은 내 생각과 다르고, 그분의 길은 내가 가는 길과 다르다. 그분의 길은 더 높고 더 좋다. 하나님은 창조주요, 나는 피조물이다. 그러므로 우리의 기도는 땅같이 낮은 나의 생각을 하늘같이 높은 하나님의 생각에 이르게 하기 위한 기도가 되어야 하지, 하늘같이 높은 하나님의 생각을 땅같이 낮은 나의 생각으로 끌어내리기 위한 기도가 되어서는 안 되는 것이다. 그런 의미에서, 기도란 무엇인가? 나의 뜻이 하나님의 뜻으로 변화되어져 가는 것이다.

이와 같은 기도를 드리는 두 가지 방법이 있다. 하나는 우리가 구

그리스도인으로 잘 사는 법

하는 기도 제목이 최선이라고 생각하는 까닭을 기도에 반드시 포함시켜라. 왜 그것이 최선이라고 생각하는지 정당한 신학적, 성경적, 상황적 근거를 들어 하나님 앞에 변론하는 것이다. 또 다른 방법은 우리의 필요를 고할 때마다 하나님의 뜻이 나의 뜻보다 더 좋으며 나의 계획이 아닌 주님의 계획이 이뤄지길 진심으로 바란다는 사실을 명확하게 밝히는 것이다. 나의 뜻을 솔직하게 간구하되 설령 하나님이 나와 다른 뜻을 행하신다 해도 그 뜻을 기꺼이 받아들이고자 하는 열린 마음을 가지고 기도하는 것이다. 만약 도저히 그와 같은 고백이 나오지 않는다면 내 마음 깊은 곳에 '우상'을 품고 기도하고 있을 가능성이 크다. 이때는 집중적인 자기 점검이 필요하다. 예수님의 겟세마네 기도가 바로 그와 같은 모범을 보여 준다.

… 아버지여 만일 할 만하시거든 이 잔을 내게서 지나가게 하옵소서 그러나 나의 원대로 마시옵고 아버지의 원대로 하옵소서 하시고(마 26:39).

둘째, 내 생각이 말씀과 일치하는지 점검하라. 민수기 22장에 보면 모압 왕 발락이 엄청난 번민에 빠진다. 이스라엘 백성들이 다른 민족에게 행한 일을 보고는 두려웠던 것이다. 그러다가 당시 유명한 복술가 발람을 불러 자신을 위하여 이스라엘 백성을 저주해 줄 것을 요청한다. 그러나 발람은 이스라엘 백성들을 저주할 수가 없었다. 이유는 단순하다. 이스라엘 백성은 하나님의 백성들이기 때문이다. 발람은 발락의 요청대로 세 번씩이나 이스라엘 백성을 저주하려고 했지만, 결국 세 번 다 저주 대신 축복을 할 수밖에 없었다. 하나님의 약속, 하나님의 말씀을 거스르는 기도는 절대로 역사를 일으키지 못한다.

가나안을 정탐하고 돌아온 이스라엘의 열두 정탐꾼은 여호수아와 갈렙을 제외하고는 모두 그 땅에 대해 악평을 쏟아부었다. 게다가 그 땅에는 네피림과 같은 거인들이 거주하고 있으며 우리는 그들의 눈에 보기에 메뚜기 같은 존재라고 하며 다시 애굽으로 돌아가자 선동했다. 그때 여호수아와 갈렙은 옷을 찢으며 여호와의 약속을 거역하지 말 것을 눈물로 호소한다. 아브라함과 이삭과 야곱의 하나님이 해 주신 언약을 기억하라고 강조한다. 말씀은 하나님이 우리에게 주신 언약으로 가득하다. 우리는 내가 바라는 마음의 소원이, 내 마음의 음성이 하나님의 말씀과 일치하는지를 점검해야 한다.

셋째, 환경의 증거를 구하라. 이스라엘의 사사 기드온은 하나님의 레마의 음성을 들었다. 미디안을 쳐서 멸하라는 것이었다. 기드온은 이 말씀이 하나님의 뜻이라는 사실을 분명히 알았지만 환경의 증거를 요구했다. 타작마당에 둔 양털 한 뭉치에만 이슬이 내리고 주변 땅은 마르게 해 달라는 것이었다. 그 결과 기드온이 요구한 환경의 증거가 이뤄졌다. 그러나 이튿날 기드온은 일찍 일어나서 다시 하나님께 환경의 증거를 구했다. 이번에는 양털만 마르고 사면 땅에는 이슬이 있게 해 달라고 했다. 이번 요구도 하나님은 들어주셨다. 하나님은 환경의 증거를 구하는 기드온의 요구에 기꺼이 응

그리스도인으로 잘 사는 법

하셨다. 믿음 없음을 탓하지 않으셨다.

편견 없는 마음과 중심에 불타는 소원이 일어나고 그 소원이 하나님의 말씀과 일치하면 그다음에는 환경의 증거를 구하라. 하나님의 뜻이라면 분명히 보여 주신다. 그러나 경건치 못하고 거룩하지 않게 장난삼아서 구하면 안 된다. 그것은 하나님을 시험하는 일이다. 주변에서 어떤 영적 파동이 일어나는지 잘 살펴라. 하나님은 사람을 통하여, 때로는 어떤 사건을 통하여 우리 마음과 영혼에 성령의 파동을 전달해 주신다.

넷째, 마음의 즐거움과 평안이 있는지 분별하라. 여호와의 교훈은 정직하여 마음을 기쁘게 한다(시 19:8). 또한 하나님의 음성은 꿀과 송이꿀보다 더 달다(시 19:10). 그래서 하나님의 음성을 경험한 사람은 금 곧 많은 순금보다 하나님의 음성을 더 사모하게 된다. 그러므로 내 마음에 즐거움과 평안함이 있는지를 확인하라. 특별히 전도서의 저자 솔로몬은 "하나님은 모든 것을 그분의 때에 아름답게 만드신다"고 말씀하셨다. 모든 면에서 분명한 하나님의 뜻임을 확인했는데도 기도할 때 마음의 평안이 없다면 그것은 기다리라는 뜻이다.

고난은 우리의 사랑을 연단한다

믿음과 순종이 성장하려면 꼭 필요한 것이 있다. 우리를 향하신 하나님의 사랑에 대한 확신이다. 그 사랑의 확신이 있을 때 하나님 아버지를 믿음으로 순종할 수 있다. 그 사랑을 깨달을 때 내 뜻이 아니라 하나님의 뜻을 갈망하는 삶을 살아갈 수 있다.

그런데 놀라지 말라. 하나님은 우리가 당신의 사랑을 깨닫게 하시는 방법으로 고난을 사용하신다. 고난을 통해 하나님의 사랑을 가르쳐 주신다. 왜 하필 고난일까? 지금 내게 시급한 돈을 주시면, 내가 그토록 바라는 성공을 주시면 오히려 그 사랑을 더 확신할 수 있을 것 같은데 도대체 왜 고난이란 말인가!

이쯤에서 우리가 생각해 볼 필요가 있다. 정말 내가 바라고 원하는 것을 받고 나면 하나님의 사랑을 깨닫겠는가? 돌아온 탕자의 비유를 기억할 것이다. 아들이 아버지에게 유산을 미리 정산해 달라 요구한다. 아버지는 아들의 요구대로 해 준다. 과연 그때 아들이 '아빠는 진짜 나를 사랑하셔'라고 생각했는가? 천만의 말씀이다. 아들은 그길로 아버지를 떠난다. 그로도 모자라 아버지에게 받은 유산을 모두 창녀에게 갖다 바친다. 이것이 아버지의 사랑을 제대로 아는 사람이 할 수 있는 짓인가? 전혀 그렇지 않다. 탕자는 오직 자신의 욕망을 사랑했을 뿐이다. 아들은 아버지를 '사랑'한 것이 아니라, '사용'했을 뿐이다.

우리는 하나님이 기도에 곧바로 응답해 주시면 더욱 사랑을 확신할 것이라 생각하지만, 하나님은 아신다. 만약 그렇게 되면 우리는 하나님을 사랑하기는커녕 사용만 하려 들 것이다. 그래서 하나님이 쓰시는 도구가 고난이다. 하나님은 우리에게 고난을 주심으로써 우리를 향한 하나님의 사랑을 깨닫게 하신다.

그리스도인으로 잘 사는 법

17세기 네덜란드의 화가 렘브란트(Rembrandt Harmensz. van Rijn)가 "돌아온 탕자"를 주제로 그린 작품이 있다. 헨리 나우웬(Henri Nouwen)은 이 그림에서 아주 특별한 부분을 발견하는데, 그것은 바로 돌아온 아들을 감싸고 있는 아버지의 두 손이다. 렘브란트는 한쪽엔 '아버지의 힘'과 다른 한쪽엔 '어머니의 사랑'을 동시에 표현했다. 마치 하나님 아버지가 우리 삶을 붙잡아 주시는 손길과 같다. 하나님은 따뜻한 은혜의 손길로 우리를 감싸 주시지만, 동시에 고뇌와 크고 작은 시련 가운데로 우리를 내몰기도 하신다. 그런데 놀랍게도 그 뜨거운 고난을 지나면서 들리지 않던 설교가 들리기 시작하고, 기도가 간절해지고, 살아 계신 하나님의 은혜를 더욱 깊이 깨닫고 경험하게 된다.

　　고난은 하나님의 달콤한 은혜가 우리 삶에 흘러들어 오는 길이요 통로다. 아버지의 거친 손길을 통해 어머니의 부드러운 손길을 경험하게 된다. 탕자가 아버지께로 돌아와 아버지의 그 한량없는 은혜와 사랑을 경험할 수 있었던 이유는 역설적이게도 탕자가 아버지를 떠났기 때문이다. 돼지들 틈 속에서 '개고생'을 당했기 때문에 아버지께로 돌아올 생각을 하게 되었고, 그 일이 있었기에 아버지의 사랑을 깨닫고 변화받을 수 있었다. 이처럼 고난은 우리에게 달콤한 은혜를 베푸시기 위한 하나님의 수단이다.

　　과연 아들이 요구하는 유산을 내어줄 때 아버지가 일이 이렇게 될 것을 몰랐을까? 자기 아들이 그 돈을 어떻게 쓸지 몰랐을까? 그렇지 않다. 다 알고도 허용한 것이다. 아버지는 아들이 자기 사랑을 깨닫기를 바랐다. 아들의 고난에는 아버지의 분명한 뜻과 의도가 있었다. 하나님도 마찬가지다. 하나님은 탕자의 비유를 통해 무조건적으로 받아주시는 사랑만을 말씀하시는 것이 아니다. 그 무조건적인 사랑을 가르쳐 주시기 위해서는 고난을 겪게 하는 일도 감수하신다는 사실을 가르쳐 주고 싶으셨던 것이다. 그만큼 고난은 우리를 위해 필요한 것이다.

우리에게 하나님 아버지의 사랑을 깨닫기 위해서 굳이 고난이 있어야 하는 이유는, 순전히 우리의 '고집스러운 죄성' 때문이다. 본성적으로 하나님을 거역하고 거부하며, 자기 사랑에 함몰된 교만하고 고집스러운 탕자들이기 때문에 아버지의 사랑을 제대로 깨달으려면 '아버지 없는 삶의 고단함'을 경험해야 하는 것이다. 탕자는 아버지를 떠나고서야 비로소 자신이 아버지에게 아들이라 불릴 가치조차 없는 죄인 중의 괴수임을 깨달았다. 그제야 나 같은 죄인을 아들로 받아 주신 하나님 아버지의 사랑을 깨달았다.

그래서 슬기로운 신앙생활이 고난과 함께 시작하는 것이다. 우리는 고난을 통하여 하나님을 더욱 사랑하게 되고, 그래서 하나님을 더욱 믿게 된다. 우리는 고난을 통하여 더욱 온전한 사랑과 믿음의 순종을 가질 수 있다.

8 그가 아들이시면서도 받으신 고난으로 순종함을 배워서 9 온전하게 되셨은즉 자기에게 순종하는 모든 자에게 영원한 구원의 근원이 되시고 (히 5:8-9).

chapter 05

자녀라서 징계를 받습니다

_ 렘 29:1-13

현대인들에게 가장 중요한 삶의 키워드는 무엇일까? 아마도 '행복'일 것이다. 내 행복, 우리 가정의 행복은 많은 사람에게 중요한 가치이자 사명이다. 그러다 보니 삶의 모든 목적과 의미가 '행복'이라는 키워드에 맞춰져 있다. 저마다 자신을 행복하게 만들 수 있는 조건들을 충족시키기 위하여 물질, 건강, 명예, 권력 등을 추구하며 살아간다. 그러다가 우리의 삶에 갑자기 고난이 닥쳐오면 그와 같은 행복의 조건들이 전부 다 사라져 버린다. 우리의 삶을 지탱하고 또 지속 가능하게 하는 모든 조건을 모조리 짓밟아 버린다.

그런데 그와 같은 고난 안에 하나님의 놀라운 섭리가 담겨져 있다는 사실을 반드시 기억해야 한다. 그것은 바로 하나님의 징계다. 마지막 때가 가까이 올수록 자녀들을 위한 하나님의 징계도 더욱 강해질 것이라고 생각한다. 왜냐하면, 그래야 더 많은 사람이 하나님의 거룩하심을 알게 되어 여호와 하나님만을 앙망하는 진정한 예배자로 거듭나게 될 것이고, 그래야 마지막 때의 모든 환난과 미혹과 유혹을 끝까지 이겨낼 수 있는 성도, 교회가 될 것이기 때문이다.

최후의 심판대 앞에서 밀과 가라지의 분별은 하나님의 자녀들이 징계를 얼마나 제대로 잘 받았는가에 의해 좌우될 것이다. 그래서 히브리서 기자는 "하나님의 징계를 경히 여기지 말라"고 경고하고 있다.

> 5 또 아들들에게 권하는 것같이 너희에게 권면하신 말씀도 잊었도다 일렀으되 내 아들아 주의 징계하심을 경히 여기지 말며 그에게 꾸지람을 받을 때에 낙심하지 말라 6 주께서 그 사랑하시는 자를 징계하시고 그가 받아들이시는 아들마다 채찍질하심이라 하였으니… 8 징계는 다 받는 것이거늘 너희에게 없으면 사생자요 친아들이 아니니라(히 12:5-8).

우리가 하나님의 자녀라고 한다면 반드시 받아야 하는 것이 '하나님의 징계'다. 징계는 우리가 하나님의 자녀라는 사실을 보여주는 가장 분명한 증거요, 우리를 향한 사랑의 증표다. 그렇다면, 하나님은 자녀들을 왜 징계하실까?

거룩하게 하기 위해 징계하신다

하나님은 거룩하신 분이다. 그 거룩하심을 자녀인 우리가 알기를 원하신다. 또 우리가 거룩하신 하나님의 소유라는 사실을 알기 원하신다. 그것이 하나님의 마음 중심에 있는 소원이요 열심을 내시는 이유다.

그렇다면, 하나님의 거룩하심이란 무엇인가? 그 누구와도, 무엇과도 동등하게 비교할 수 없는 권능과 지혜, 부요함과 주권으로부터 나오는 위엄이 바로 하나님의 거룩하심이다. 한마디로, '하나님만이 최고다'라는 의미다. 하나님은 자녀인 우리가 그 사실을 바로 알고 하나님의 자녀된 삶을 누리기를 원하신다. 그것이 "내가 거룩하니 너희도 거룩할지어다"(벧전 1:16)의 의미다. 그리고 그것을 가능케 하시는 하나님의 방법이 바로 '징계'다.

> 11 무릇 징계가 당시에는 즐거워 보이지 않고 슬퍼 보이나 후에 그로 말미암아 연단 받은 자들은 의와 평강의 열매를 맺느니라 12 그러므로 피곤한 손과 연약한 무릎을 일으켜 세우고 13 너희 발을 위하여 곧은 길을 만들어 저는 다리로 하여금 어그러지지 않고 고침을 받게 하라(히 12:11-13).

선지자 예레미야가 바벨론 왕 느부갓네살에 의해 포로로 끌려간 이스라엘 백성들에게 편지를 보낸다.

> 4 만군의 여호와 이스라엘의 하나님께서 예루살렘에서 바벨론으로 사로잡혀 가게 한 모든 포로에게 이와 같이 말씀하시니라 5 너희는 집을 짓고 거기에 살며… 7 … 너희도 평안할 것임이라(렘 29:4-7).

이스라엘 백성에게 포로 생활을 해야 하는 현실은 너무나 고통스럽고 충격적이다. 특별히 하나님의 소유된 백성에게 이와 같은 일이 일어났다는 사실은 정말 이해하기 어렵고 혼란스럽다. 하나님은 그런 혼돈 가운데 고통스러워하고 있는 하나님의 자녀들에게 예레미야의 편지를 통해 분명하게 말씀해 주고 계신다.

"혼란할 것 하나 없다. 이 모든 일은 거룩하신 하나님의 주권적 섭리 안에서 일어나고 있는 하나님의 징계다. 그러니 이 모든 상황을 차분하게 받아들이고 하나님의 뜻이 이뤄지기를 기다려라. 장기전이 될 것이다. 7일도 아니요, 7년도 아니고 70년이다. 그러니 집도 짓고, 이 바벨론 땅이 내 조국이다 생각하고 살고 있어라."

예레미야가 특별히 이와 같은 편지를 보낸 이유는, 혼돈의 때는 두려움을 틈타고 들어오는 거짓 선지자들이 항상 있기 때문이다. 이런 상황 속에서 거짓 선지자들은 양극단의 일을 한다. 하나는 극도의 두려움을 조장한다. 그래서 혼돈을 가중시킨다. 또는 거짓된 위로와 평강을 조장한다. 거짓 메시지로 하나님의 메시지를 가리고, 이 모든 징계를 통하여 이루고자 하시는 하나님의 뜻을 방해한다.

[8] 만군의 여호와 이스라엘의 하나님께서 이와 같이 말하노라 너희 중에 있는 선지자들에게와 점쟁이에게 미혹되지 말며 너희가 꾼 꿈도 곧이 듣고 믿지 말라 [9] 내가 그들을 보내지 아니하였어도 그들이 내 이름으로 거짓을 예언함이라 여호와의 말씀이니라(렘 29:8-9).

그리스도인으로 잘 사는 법

하나님의 징계를 부정하는 선지자의 말을 부정하라. 거짓된 위로, 헛된 소망에 넘어가지 말라. 지금 우리가 겪고 있는 모든 종류의 고난과 시련은 우리를 거룩한 하나님의 자녀가 되게 하기 위한 징계라는 사실을 인정해야 한다. 그리고 이 모든 일들을 통하여 헛된 소망이 아니라 진정한 소망, 사람의 위로가 아니라 하나님의 위로를 누리는 삶으로 나아가야만 한다.

> [10] 여호와께서 이와 같이 말씀하시니라 바벨론에서 칠십 년이 차면 내가 너희를 돌보고 나의 선한 말을 너희에게 성취하여 너희를 이 곳으로 돌아오게 하리라 [11] 여호와의 말씀이니라 너희를 향한 나의 생각을 내가 아나니 평안이요 재앙이 아니니라 너희에게 미래와 희망을 주는 것이니라 (렘 29:10-11).

영의 사람으로 변화시키기 위해 징계하신다

20세기를 대표하는 사상가이자 정신 의학자인 빅터 프랭클(Viktor Frankl)은 2차세계대전이 발발하면서 나치의 강제 수용소에서 아버지, 어머니, 형제, 아내를 잃었다. 그는 극한의 고통 가운데 포로 생활을 하면서 매우 흥미로운 사실을 하나 발견한다. 사람들이 수용소에 들어온 뒤에 신앙을 갖게 되는 일이 많아졌다는 사실이다. 신앙이 없던 사람, 형식적인 종교생활에 머물러 있던 사람들이 너무나도 진지한 자세로 신앙에 대한 관심을 쏟아 냈다고 한다. 그들은 막사 한 구석이나 캄캄한 가축 수송 열차 한 귀퉁이에서 기도하고 예배를 드렸다.

그 이유가 무엇일까? 삶의 의미와 목적을 제공하는 세상의 모든 조건들이 완벽하게 사라진 수용소 안에서 그들의 삶을 지속 가능하게 할 수 있는 유일한 길은 이 세상이 아닌 영적인 세계에 눈을 돌리는 것뿐이었기 때문이라고 빅터 프랭클은 설명한다.

사람이 막다른 골목에 도달하게 되면 하늘을 쳐다보게 되는 법이다. 끔찍한 고난을 겪는 사람들 대부분은 이 세상 너머의 세상을 바라보고 동경한다. 최악의 경우는 스스로 목숨을 끊는 선택을 하기도 하지만, 많은 사람이 하나님을 찾으며 자신의 아픔을 해석하고 하나님에게 손을 내밀어 그 모든 고난을 견뎌 낼 힘을 얻기를 원한다. 한마디로, 시련을 통해 영적인 세계에 눈을 뜨는 것이다. 그것이 바로 고난이 주는 유익이요, 징계의 목적이다.

고난과 징계는 사람을 '영적인 사람'으로 변화시킨다. 육신의 힘으로 육신의 것을 위해 살아가던 육신에 속한 자를, 영이신 하나님을 앙망하고 예배하고 그의 능력으로 살아가는 영에 속한 사람, 영성의 사람으로 변화시킨다.

2 네 하나님 여호와께서 이 사십 년 동안에 네게 광야 길을 걷게 하신 것을 기억하라 이는 너를 낮추시며 너를 시험하사 네 마음이 어떠한지 그 명령을 지키는지 지키지 않는지 알려 하심이라… 12 네가 먹어서 배부르고 아름다운 집을 짓고 거주하게 되며 13 또 네 소와 양이 번성하며 네 은금이

증식되며 네 소유가 다 풍부하게 될 때에 ¹⁴ 네 마음이 교만하여 네 하나님 여호와를 잊어버릴까 염려하노라…(신 8:2, 12-14).

그래서 우리에게는 하나님의 징계가 필요하다.

열왕기하 5장에 등장하는 아람 군대의 나아만 장군은 매우 유능한 군인이었다. 그러나 그는 나병 환자였다. 어느 날 그는 한 여종을 통해서 자신의 병을 고쳐 줄 수 있는 선지자가 있다는 소식을 듣는다. 그 즉시 나아만 장군은 아람 왕을 찾아가 이스라엘에 다녀올 수 있도록 허락을 받는다. 아람 왕은 나아만 장군을 위해 이스라엘 왕에게 편지를 쓴다.

"내가 내 신하 나아만을 당신에게 보내오니 이 글이 당신에게 이르거든 당신은 그의 나병을 고쳐 주소서."

그러자 이스라엘 왕이 자기 옷을 찢으며 분노한다. "내가 사람을 죽이고 살리는 하나님이냐? 어찌하여 나더러 나병을 고치라 하느냐?"라는 것이다. 육에 속한 사람들은 역경이 닥치면 왕을 찾아간다. 권력이 있는 사람을 찾아간다. 전문가의 도움을 찾는다. 물질적인 세계, 세상적인 방법밖에는 모른다. 한마디로 영적이지 않다.

하나님의 사람 엘리사가 이스라엘 왕이 자기 옷을 찢었다는 소식을 듣고 그 사람을 자신에게 보내 달라고 말한다. 나아만이 즉시 말을 타고 엘리사의 집 문에 도착했다. 그때 엘리사는 자신의 종을 나아만에게 보내어 다음과 같은 말을 전한다.

"요단 강에 몸을 일곱 번 씻으라. 네 살이 회복되어 깨끗하리라."

이 말은 육신에 속한 나아만이 듣기에는 앞뒤가 전혀 맞지 않았다. 그의 생각에는 엘리사가 직접 나와 자기 몸에 손을 대고 하나님의 이름을 불러야 했다. 이스라엘 강물에 몸을 담그느니 다메섹 강물에 담그는 것이 낫다고 생각했다. 결국 그는 분노하며 떠난다.

육신에 속한 사람의 가장 중요한 특징이 무엇인지 아는가? 자기 생각에 사로잡혀 있다. 그래서 하나님에게 자기 생각을 가르쳐 드린다. 베드로도 그랬다. 어느 날 베드로가 지붕에 올라가 기도하는데, 점심시간이 되어 배가 고픈 상황에서 하늘이 열리며 그릇이 내려오는 환상을 본다. 그 안을 보니 땅에 있는 각종 네 발 가진 짐승과 기는 것과 공중에 나는 것들이 담겨 있었다. 그런데 그 순간 하늘에서 하나님의 음성이 들려왔다.

"베드로야 일어나 잡아먹어라."

그러자 베드로가 하나님을 가르치기 시작한다.

"주여 그럴 수 없나이다. 속되고 깨끗하지 아니한 것을 내가 결코 먹지 아니하였나이다."

그러자 하나님이 말씀하신다.

"하나님께서 깨끗하게 하신 것을 네가 속되다 하지 말라."

베드로는 하나님의 음성을 듣고도 "그럴 수 없나이다!" 한다. 육에 속한 사람은 자기 생각에 묶여 있다. 하나님의 징계는 바로 이 묶임을 끊어 주는 일을 한다. 그래서 하나님의 징계는 우리의 상식을 깨는 방식으로, 우리의 생각과 기대를 뒤엎는 방식으로 이뤄진다.

그리스도인으로 잘 사는 법

나아만이 이에 내려가서 하나님의 사람의 말대로 요단 강에 일곱 번 몸을 잠그니 그의 살이 어린 아이의 살같이 회복되어 깨끗하게 되었더라 (왕하 5:14).

나아만이 자기 생각을 내려놓고 하나님의 말씀대로 행하자 몸의 병이 나았다. 거룩하신 하나님의 능력을 경험하게 되었다. 영적인 사람으로 다시 태어나게 된 것이다. 그는 "내가 이제 이스라엘 외에는 온 천하에 신이 없는 줄을 아나이다"라고 고백했다.

느부갓네살이 바벨론 왕궁을 거닐면서 자기를 높이며 찬양하고 있을 때 하늘에서 소리가 들려왔다.

31 … 느부갓네살 왕아 네게 말하노니 나라의 왕위가 네게서 떠났느니라 32 네가 사람에게서 쫓겨나서 들짐승과 함께 살면서 소처럼 풀을 먹을 것이요 이와 같이 일곱 때를 지내서 지극히 높으신 이가 사람의 나라를 다스리시며 자기의 뜻대로 그것을 누구에게든지 주시는 줄을 알기까지 이르리라 하더라 (단 4:31-32).

하나님의 말씀대로 느부갓네살은 사람들에게서 쫓겨나 소처럼 풀을 먹고, 머리털은 독수리의 털처럼 변했고, 손톱은 새의 발톱처럼 변했다. 천하의 느부갓네살이 짐승과 같이 되어 버린 것이다. 하나님이 느부갓네살을 낮추신 목적은 우리가 "지극히 높으신 이가 사람의 나라를 다스리신다"는 것을 알게 하시기 위함일 뿐 아니라,

그 사실을 모르는 사람은 짐승과 다를 바 없어진다는 사실을 깨닫게 하시기 위한 것이었다. 하나님의 거룩하심 앞에 낮아지는 것, 하나님의 무한한 주권을 알고 그 지식으로 말미암아 참된 평강과 담대함을 누리는 것. 이것이 인간의 존엄함이다. 이 사실을 알게 되는 것이 징계의 목적이다.

고난과 고통이 없이 우리가 하나님을 찾게 될 가능성은 없다. 그러므로 징계의 시간은 하나님과 그분의 거룩하심을 배우는 시간이다. 하나님의 주권을 배우는 시간이다. 그 주권 앞에서 내가 꺾이는 시간이다. 하나님만을 잠잠히 바라는 자로 변화되는 시간이다. 하나님 외에 다 쓸데없음을 배우는 시간이다. 그래서 육에 속한 사람이 영에 속한 '영성의 사람'으로 변화되는 시간이다.

징계 가운데에서 기도하라

우리의 의지와 행위가 삶에 결정적이라고 생각하는, 이 교만하고 주제넘는 생각부터 내려놓아야 한다. 마치 내가 내일을 알 수 있고 지탱할 수 있고 통제할 수 있는 것처럼 행동하지 말라. 우리는 내일 일을 알 수 없다. 내가 오늘 이곳에 있다고 내일도 여기에 머물 수 있을지는 아무도 모른다. 내일 당장 큰 사고로 병원에 누워 있게 될 수도 있고, 사업에 완전히 실패할 수도 있다. 우리는 삶에 대하여 어떤 결정적인 통제권도 갖고 있지 않다. 하나님은 징계를 통해서 바로 이 사실을 우리에게 철저하게 가르쳐 주기를 원하시는 것이다. 이것이 하나님의 백성에게 요구되는 구체적인 삶의 지침이다.

> [13] 들으라 너희 중에 말하기를 오늘이나 내일이나 우리가 어떤 도시에 가서 거기서 일 년을 머물며 장사하여 이익을 보리라 하는 자들아 [14] 내일 일을 너희가 알지 못하는도다 너희 생명이 무엇이냐 너희는 잠깐 보이다가 없어지는 안개니라(약 4:13-14).

우리는 다음과 같은 언어 습관, 생각의 습관을 키워 나가야 한다.

> [15] 너희가 도리어 말하기를 주의 뜻이면 우리가 살기도 하고 이것이나 저것을 하리라 할 것이거늘 [16] 이제도 너희가 허탄한 자랑을 하니 그러한 자랑은 다 악한 것이라(약 4:15-16).

이와 같은 언어 습관, 생각의 습관, 생활의 습관이 바로 거룩이고, 거룩한 예배자들에게서 나타나는 공통적인 삶의 방식, 삶의 습관이 바로 '기도'다. 우리는 징계의 시간 가운데 기도에 집중해야 한다. 결국, 모든 징계의 궁극적인 목적은 우리를 기도의 자리로 인도하는 것이다.

하나님은 내 마음의 전부를 원하신다. 내 마음에 하나님만이 있기를 원하신다. '하나님을'이 아니라 '하나님만을' 앙망하기를 원하신다. 왜냐하면 하나님 외에는 다른 신이 없기 때문이다. 하나님은 그 누구와도 동등하게 비교할 수 있는 분이 아니기 때문이다.

그래서 기도는 하나님을 영화롭게 하는 일이다. 왜냐하면 기도는 하나님을 높이고 우리를 낮추는 행위이기 때문이다. 그래서 기도야말로 하나님의 하나님 되심을 인정하는 최고의 행위다. 기도는 하나님께 우리의 필요를 알려 드리는 것이 아니다. 기도는 하나님이 우리의 필요를 아신다는 사실을 바탕으로 하나님의 선하심과 전능하신 주권을 인정하는 행위다. 기도는 하나님에 대한 우리의 완전한 의존을 인정하는 것이다. 엘리야는 하나님께 비를 내려 주시기를 간구할 때 하나님이 비를 다스리신다는 사실을 인정했다. 요나가 불쌍한 죄인을 임박한 진노에서 구해 달라고 기도할 때 "구원은 여호와께 속하였나이다"(욘 2:9)라는 사실을 인정했다. 우리가 복음이 땅끝까지 전파되는 하나님의 축복을 구하는 것은 하나님이 온 세상의 통치자라는 사실을 인정하고 선포하는 것이다. 이처럼 기도는 하나님의 거룩하심을 인정하고 선언하는 최고의 예배다.

기도의 목적은 우리의 필요를 얻어 내는 것이 아니다. 하나님은 자신이 높임을 받으려고 우리에게 기도를 명하셨다. 하나님의 유일한 관심은 하나님이 영광을 받으시는 것이다. 하나님은 지극히 높으신 분이다. 또한 우주의 통치자시다. 하나님은 우리에게 이것을 인정하라고 요구하신다. 그 방식이 바로 기도다.

그러므로 기도는 최고의 예배다. 하나님의 거룩하심을 향한 최고의 찬양이다. 하나님이 거룩하신 것처럼 우리도 거룩한 자가 되는 방법은 바로 기도하는 자가 되는 것이다. 거룩하신 하나님을 앙망하고 누리는 삶이란 기도하는 삶이다. 기도의 자리가 예배의 자리요, 거룩의 자리다. 하나님이 받기 원하시는 예배가 바로 기도다. 그래서 예수님은 성전을 제사하는 집이 아니라 기도하는 집이라고 부르셨다.

하나님이 베푸시는 미래의 희망은 어떻게 주어지는가? 온 마음으로 하나님을 구하는 기도를 통해서 주어진다. 결국, 이 모든 재앙을 통해 하나님이 이루고자 하시는 목적은 다름 아닌 기도다. 우리가 온 마음으로 하나님을 구하는 자가 되게 하기 위함이다. 그 마음을 회복시키기 위해 하나님은 우리를 징계하신다.

chapter 06

응답받는 기도를 하십시오

_ 마 7:7-11

빅터 프랭클은 나치의 강제 수용소에서의 경험을 바탕으로 '로고 테라피(Logotherapy)'라고 하는 심리치료의 제3학파를 창시한다. 로고 테라피는 '의미'를 뜻하는 헬라어 '로고스(Logos)'와 '치료'를 뜻하는 '테라피(Therapy)'가 합쳐진 단어로, 직역하면 '의미 치료법'이라고 부를 수 있다. 어떤 극한의 상황이라도 거기에 담긴 의미를 발견하면 이겨 내는 동력을 얻을 수 있다는 개념에 그 기초를 두고 있다. 즉 사람들에게 고난에 담긴 의미를 일깨워 줌으로써 고난을 이기는 삶을 살아갈 수 있도록 도와주는 심리치료 기법이 로고테라피다.

우리는 이해할 수 없는 시련이라도 그 안에 '의미'가 있음을 알아야 한다. 하나님이 다스리시는 이 세상에 우연은 없다. 하나님을 거역하는 이 세상에도 우연이 없는데 하물며 하나님 자녀의 삶에 우연이 있겠는가? 그것이 좋은 일이든 나쁜 일이든, 기쁜 일이든 슬픈 일이든, 성도의 삶에 일어나는 모든 일에는 의미와 목적이 있다. 그리고 그 의미를 깨달을 때 비로소 우리의 목구멍에 가시처럼 박혀 있던 시련과 상처들이 해석되고 소화되기 시작한다. 그러지 않은 채로 시련이 내 안에 그대로 쌓이면 내 삶의 독소가 되고 암 덩어리가 되어서 결국 나는 물론 내 주변 사람들을 해치고 불행하게 만든다.

그렇다면 우리 삶에서 일어나는 크고 작은 고통에 담긴 하나님의 목적과 의미는 무엇일까? 그것은 바로 '우리를 변화시키는 것'이다. 구원받은 성도, 죄 사함을 통해 의롭다 함을 받은 성도는 반드시 '변화받은 성도'로 나아가야 한다. 그럴 때 비로소 '받은 구원'이 '누릴 수 있는 구원'이 된다. '주어진 약속'이 '누릴 수 있는 약속'이 된다. 이것을 신학적인 용어로 표현하면, '칭의'를 받은 성도가 '성화'된 성도로 변화되는 것이라 할 수 있다.

평생을 소매치기로 살아가던 사람이 경찰에 붙잡혀서 구속됐다. 그러다가 광복절을 맞아 특별 사면을 받았다. 그는 모든 죄를 탕감받고 자유인이 되었다. 이 사람은 더 이상 '죄인'이 아니라 '시민'이다. 그러나 그렇다고 해서 평생 소매치기로 살아왔던 그의 '습성'까지 한 순간에 사라지는 것이 아니다. 그는 사람 많은 대중교통을 이용할 때마다 여전히 손이 근질근질할 것이다.

우리도 마찬가지다. 죄 사함받고 구원받은 우리도 언제든지 옛 사람의 옛 습관으로 다시 돌아갈 수 있다. 지금 이 소매치기에게 필요한 것은 '변화된 삶'이다. 석방, 즉 칭의는 받았으니 이제는 '의로운 삶'을 살아갈 수 있도록 변화되어야 하는 것이다. 이것이 바로 성화다. 소매치기는 성화를 받아야 감옥의 형벌 속으로 다시 돌아가지 않고 의로운 삶, 시민의 삶, 자유와 권리를 마음껏 누리는 삶을 살 수 있다.

왜 기도해야 하는가

무릇 징계가 당시에는 즐거워 보이지 않고 슬퍼 보이나 후에 그로 말미암아 연단 받은 자들은 의와 평강의 열매를 맺느니라(히 12:11).

'의와 평강의 열매'는 구원받은 모든 성도에게 주어진 하나님의 약속이다. 그러나 구원받은 성도가 모두 그 열매를 실제로 맛보고 누리는 것은 아니다. 어떤 성도는 상대적으로 좋은 환경에 있지만 염려와 두려움에 시달릴 수 있다. 어떤 성도는 비록 좋지 않은 상황에 놓였지만 견고한 믿음으로 평강의 열매를 누리고 있을 수 있다. 우리는 모두 구원받은 성도지만, 변화받은 정도에 따라 누리는 의와 평강의 열매가 다를 수 있다. 주님은 우리가 주어진 약속을 충만하게 누리기 원하신다. 그것이 우리가 변화되기를 원하시는 이유다.

2 내 형제들아 너희가 여러 가지 시험을 당하거든 온전히 기쁘게 여기라 3 이는 너희 믿음의 시련이 인내를 만들어 내는 줄 너희가 앎이라 4 인내를 온전히 이루라 이는 너희로 온전하고 구비하여 조금도 부족함이 없게 하려 함이라(약 1:2-4).

그리스도인으로 잘 사는 법

시련과 고난을 만난 성도에게 하나님은 '기뻐하라'고 명령하신다. 그리고 바로 이어 또 다른 명령을 하신다. 바로 '기도하라'는 것이다. 하나님이 우리에게 시련을 허락하시는 이유는 연단의 의미도 있지만, 궁극적으로는 '기도'를 가르쳐 주시기 위함이다. 오직 기도를 통해서만 우리는 부족함이 없는 하나님을 경험할 수 있기 때문이다. 생명의 면류관, 의와 평강의 열매를 맺을 수 있는 유일한 길은 성도들의 기도를 통해서다.

> 12 내가 진실로 진실로 너희에게 이르노니 나를 믿는 자는 내가 하는 일을 그도 할 것이요 또한 그보다 큰일도 하리니 이는 내가 아버지께로 감이라 13 너희가 내 이름으로 무엇을 구하든지 내가 행하리니 이는 아버지로 하여금 아들로 말미암아 영광을 받으시게 하려 함이라 14 내 이름으로 무엇이든지 내게 구하면 내가 행하리라(요 14:12-14).

예수님은 부활하신 후 제자들에게 나타나셔서 "하늘과 땅의 모든 권세를 내게 주셨으니 내가 세상 끝날까지 너희와 항상 함께 있으리라"고 말씀하셨다(마 28:18-20). 그러고는 그들을 떠나 하늘에 오르셨다. 함께하시겠다고 약속하시고는 떠나신 것이다. 우리는 이것을 어떻게 이해해야 하는가? 우리가 그분과 항상 함께할 수 있는 유일한 길이 바로 기도라는 것이다. 우리가 골방에서 기도할 때 그리스도는 하늘과 땅의 모든 권세를 갖고 내 골방 안으로 걸어 들어오신다. 우리가 광야 한복판에서 기도할 때 그리스도는 광야 한복판으로 걸어 들어오신다. 하나님의 보좌 우편에 앉아 계신 주님이 지금 이 순간, 바로 이 자리에 나와 항상 함께하실 수 있는 길은 오직 하나, 기도다. 그래서 하나님은 구원받은 성도가 기도하는 사람으로 변화하기를 원하신다.

하나님은 우리에게 "쉬지 말고 기도하라"(살전 5:17) 명령 하신다. 아무리 좋은 것이라도 인간이 쉬지 않고 할 수 있는 일은 없다. 그런 인간이 유일하게 쉬지 않고 할 수 있는 것, 아니 반드시 쉬지 않고 해야 하는 일이 있다. 바로 '호흡'이다. '쉬지 말고 기도하라'는 말씀은 곧 기도가 우리의 호흡이 되게 하라는 말씀이다. 호흡을 멈추는 순간 우리가 죽는 것처럼, 기도를 멈추는 순간 우리는 죽는다.

우리는 한 순간도 하나님 은혜 없이 살 수 없다. 한 순간이라도 하나님께 의존하지 않으면 죽는다. 예수님은 인간의 이와 같은 의존적인 실존을 '포도나무와 가지'의 비유로 설명해 주셨다. 예수님은 "나는 포도나무요 너희는 가지라" 말씀하시면서, "나를 떠나서는 너희가 아무 것도 할 수 없음이라"고 말씀하셨다(요 15:5). 그러나 우리는 이것을 자꾸 잊는다. 스스로의 힘과 지혜로 열매를 맺을 수 있다고 착각한다. 그 이유는 내 안에 여전히 살아 있는 옛사람의 죄성 때문이다. 인간의 죄성이란 하나님에 대한 의존을 버리고 하나님으로부터의 독립을 추구하는 본성이다. 이 '독립성' 때문에 인간은 사망의 상태에 놓이게 되었다. 피조물인 인간이 생수의 원천 되시는 하나님을 떠나 스스로 웅덩이를 팠으나 그것은 물을 담을 수 없는 터진 웅덩이였다. 하나님으로부터의 독립을 추구하는 인간은 죽을 수밖에 없는 것이다.

우리는 모두 그리스도의 은혜로 죄 사함과 구원을 받았지만 여전히 탕자의 본성이 남아 있다. 그리스도의 은혜는 우리를 구원하시는 것으로 끝나지 않는다. 우리가 변화하는 데까지 나아가게 하신다. 이러한 은혜는 어떤 방식으로 나타나는가? 우리 안에 '절박함' '무력감'을 회복시키는 것으로 나타난다. 탕자는 아버지를 떠나고서야 '아, 아버지를 떠나서는 내가 아무것도 할 수 없구나'를 깨닫는다. 자기에게 필요한 것은 '아버지의 돈'이 아니라 '아버지'라는 것을 사무치게 깨닫는다.

막대한 유산으로도 어찌할 수 없는 '무력감', 돼지의 쥐엄열매를 먹고 싶어도 먹을 수 없는 '절박함'이 우리 안에서도 회복되어야 한다. 하나님을 얼마나 절실하게 인식하며 살아가고 있는가? 우리는 예수님이 내 삶에 얼마나 간절히 필요한지 너무 쉽게 잊어버린다. 안락하고 유복한 생활은 우리의 기도를 무디게 만든다. 기도는 하지만 간절함이 없다. 이 간절함이 '기도의 영'이다. 우리가 기도하지 않는 이유는 방법을 몰라서가 아니다. 기도할 필요가 없기 때문이다. 필사적인 간절함이 없어서다. 그러니 하나님의 자녀에게 약속된 권세도 충만하게 누리지 못한다.

그러나 기쁜 소식이 있다. 우리를 간절하게 만드는 것은 그리 어렵지 않다. 하나님은 우리 모두에게 스치듯 살짝 건드리기만 해도 금방 무릎 꿇을 수 있는 아킬레스건을 하나씩 선물해 주셨다. 성경은 그런 사람들의 이야기로 가득 차 있다. 권세와 명성을 누리던 회당장 야이로는 많은 재산이나 큰 권세로도 딸을 구할 수가 없었기 때문에 기도했다. 십자가에 달린 강도는 어떤 사법적인 사면이나 집행 유예도, 또 어떤 기적도 곧 있을 죽음에서 자기를 살려줄 수 없다는 사실을 알았기 때문에 기도했다. 이들 중 기도를 배운 사람은 아무도 없었다. 기도할 수 있는 자격이나 능력이 필요하다고 생각한 사람도 없었다. 그저 그들은 절박함과 무력감 속에서 필사적으로 기도했을 뿐이다.

하나님이 없으면 우리는 모두 죽은 사람이다. 우리는 비록 '하나님만을 절실하게 필요로 하는 상태'를 시련을 통해서 얻지만, 그때가 가장 '행복한 상태'라는 사실을 인정해야 한다. 왜냐하면 절실하게 하나님을 의지하는 자만이 성도에게 약속된 의와 평강의 열매를 맺을 수 있기 때문이다. 이와 같은 삶으로 변화시켜 주시는 것, 즉 우리 모두에게 '기도의 영'을 부어 주시기 위한 것이 모든 연단의 궁극적인 목적이다.

응답받는 기도란 무엇인가

여기서 우리가 꼭 짚고 넘어가야 할 문제가 하나 발생한다. 절박한 시련 속에서 간절히, 필사적으로 하나님께 매달리는데 기도에 응답이 지연되거나 거부당하는 상황이다. 기도하는 성도들이 씨름하고 있는 핵심적인 질문이 있다. '하나님은 도대체 왜 내 기도에 응답하지 않으시는 것일까? 이럴 거면 구하라는 명령은 왜 하신 걸

그리스도인으로 잘 사는 법

까? 어차피 하나님이 알아서 좋은 것으로 주실 텐데 우리는 왜 구해야 하는 걸까?' 그래서 우리는 때때로 기도하면서 '하나님의 능력'이 아니라 '하나님의 배신'을 경험한다.

이 질문에 대해 아주 명쾌한 답을 준 영화가 있다. 2003년에 개봉한 짐 캐리(Jim Carrey) 주연의 "브루스 올마이티(Bruce Almighty)"다. 이 영화는 '평범한 인간이 신이 된다면?'이라는 발상에서 출발한다. 주인공 브루스는 일주일동안 전능한 신의 능력을 갖게 된다. 그가 이 능력을 어떻게 사용하는지 아는가? 가장 먼저 자신의 스트레스를 푸는 일부터 시작한다. 지나가다가 소화전을 폭파해 버리는 분수 쇼를 선보이고 나서, 자신을 두들겨 팬 건달 두목을 찾아가 엉덩이에서 원숭이가 나오게 한다. 그뿐이 아니다. 브루스는 전능한 능력을 자신의 욕망을 충족시키는 일에 사용한다. 바람 한 점 없는 화창한 날에 갑자기 바람을 일으켜서 지나가는 여자의 치마를 들추기도 하고, 관계가 서먹해진 여자 친구의 마음을 얻기 위해 보름달을 자기 집 발코니 앞까지 끌어다 놓고 로맨틱한 분위기를 연출한다. 그 덕에 지구 반대편에서는 무시무시한 해일이 일어나서 수많은 사람이 재산과 목숨을 잃는다.

이 영화는 매우 비현실적이지만, 동시에 굉장히 현실적인 문제를 다루고 있다고 생각한다. 당순한 코미디 영화라고 하기에는 심오한 신학적 주제를 다루고 있다. 예수님은 "나를 믿는 자는 내가 하는 일을 그도 할 것이요 또한 그보다 큰일도 하리니"(요 14:12)라고 하셨고, "너희가 내 이름으로 무엇을 구하든지 내가 행하리니"(요 14:13)라고도 하셨다. 한마디로 이 영화는 구원받은 성도들에게 주어진 '기도의 권세'가 얼마나 위대하고 강력한지를 아주 현실적으로 보여 주고 있다. 우리가 예수님의 약속을 정말로 믿는다면 이 영화에 등장하는 사건들이 허무맹랑한 이야기만은 결코 아니다.

그러나 만약 이 영화에서처럼 우리가 하는 모든 기도가 다 응답된다면 이 세상은 어떻게 될까? 한마디로 재앙이 될 것이다. 우리의 모든 기도가 응답받는 것은 결코 최선이 아니다. 때로는 내 기도에 하나님이 침묵하시는 것이 최선의 응답이다.

> 2 … 너희가 얻지 못함은 구하지 아니하기 때문이요 3 구하여도 받지 못함은 정욕으로 쓰려고 잘못 구하기 때문이라(약 4:2-3).

우리가 응답받지 못하는 일차적인 이유는 기도하지 않기 때문이지만, 기도하는데도 응답받지 못하는 이유는 우리의 타락한 죄성, 타락한 정욕 때문이다. 우리가 잘못 구하고 있는 것이다. 기도는 그 자체로도 중요하지만, '무엇을 구하는가'가 더 중요하다. 기도할 때 우리는 '성도'로서뿐 아니라 '죄인'으로서 기도한다는 사실을 기억해야 한다. 필사적으로 기도할 때조차 우리는 이기적이고 정욕적인 목적을 이루려고 할 수 있다. 그러므로 하나님은 우리 기도에 응답해 주지 않으시는 것이다. 그런 기도에 응답받는 것은 우리에게 결코 유익하지 않다.

그리스도인으로 잘 사는 법

⁷ 구하라 그리하면 너희에게 주실 것이요 찾으라 그리하면 찾아낼 것이요 문을 두드리라 그리하면 너희에게 열릴 것이니 ⁸ 구하는 이마다 받을 것이요 찾는 이는 찾아낼 것이요 두드리는 이에게는 열릴 것이니라 ⁹ 너희 중에 누가 아들이 떡을 달라 하는데 돌을 주며 ¹⁰ 생선을 달라 하는데 뱀을 줄 사람이 있겠느냐 ¹¹ 너희가 악한 자라도 좋은 것으로 자식에게 줄 줄 알거든 하물며 하늘에 계신 너희 아버지께서 구하는 자에게 좋은 것으로 주시지 않겠느냐(마 7:7-11).

이 말씀은 우리가 구하는 모든 것을 무조건 다 주시겠다는 기계적인 약속이 아니다. 우리를 향한 하나님 아버지의 사랑에 기초한 매우 인격적인 약속이다. 자기 자녀가 배고파서 떡을 달라 하는데 돌을 던져 줄 부모가 어디 있겠는가? 내 자식이 뱀을 달란다고 뱀을 던져 줄 부모는 없다. 하나님은 우리가 구하는 것이라면 무조건 받게 될 것이라고 약속하시지 않았다. 무엇을 구하든 '가장 좋은 것'으로 주시겠다고 약속하셨다. 문제는 악한 죄인들인 우리가 때때로 '돌'을 '떡'처럼, '뱀'을 '생선'처럼 갈망한다는 사실이다. 마치 그것이 떡처럼 보이고 생선처럼 보여서 눈과 마음을 떼지 못한다. 죄성은 우리에게 유익한 것은 싫어하게 하고, 해로운 것을 구하게 한다. 바로 이것이 우리가 아무리 구해도 응답받지 못하는 이유다. 응답받지 못한 기도가 문제가 아니라 오히려 우리의 모든 기도가 다 응답을 받는 것이 문제가 될 수 있음을 기억해야 한다.

성령의 권능을 구하라

우리의 기도는 바뀌어야 한다. 어떻게 바뀌어야 할까? 무엇을 구해야 할까? 예수님은 말씀하신다.

> 너희가 악할지라도 좋은 것을 자식에게 줄 줄 알거든 하물며 너희 하늘
> 아버지께서 구하는 자에게 성령을 주시지 않겠느냐 하시니라(눅 11:13).

첫째, 성령을 구하라. 하나님의 영으로 충만하기를 구해야 한다.

둘째, 하나님을 구하라. 성령, 곧 하나님의 영을 구한다는 것은 하나님을 구하는 것이다. 그것만이 오직 참된 기도이다. 우리의 심령을 좋으신 하나님께로만 향하게 하라. 하나님 한 분만을 갈망하는 기도는 응답이 보장된 기도요, 모든 것을 구하는 기도다.

> ¹ 나의 힘이신 여호와여 내가 주를 사랑하나이다 ² 여호와는 나의 반석이
> 시요 나의 요새시요 나를 건지시는 이시요 나의 하나님이시요 내가 그 안
> 에 피할 나의 바위시요 나의 방패시요 나의 구원의 뿔이시요 나의 산성이
> 시로다(시 18:1-2).

하나님을 사랑하는 것이 나의 힘이다. 우리가 하나님만 갈망할 때 그 힘이 나를 찾아오신다. 내 힘과 지혜, 피난처, 방패가 되어 주신다. 성령은 어떤 에너지가 아니다. 성령은 하나님이다. 그러므로 하나님을 인격적으로 높여 드리고 갈망할 때 영이신 하나님이 우리

의 심령 가운데 임재하셔서 충만하게 하신다. 그러므로 성령을 구하는 기도가 가장 완벽한 기도다.

셋째, 내 자아를 죽이라. 성령의 권능은 어떤 권능인가? 내 자아를 죽이는 권능이다.

내가 그리스도와 함께 십자가에 못 박혔나니 그런즉 이제는 내가 사는 것이 아니요 오직 내 안에 그리스도께서 사시는 것이라 이제 내가 육체 가운데 사는 것은 나를 사랑하사 나를 위하여 자기 자신을 버리신 하나님의 아들을 믿는 믿음 안에서 사는 것이라(갈 2:20).

'성령의 권능을 받으라'는 말은 '성령의 권능을 받아 죽으라'는 의미다. 그러므로 성령의 권능을 구하는 기도, 하나님을 갈망하는 기도는 자아를 십자가에 못 박을 능력을 구하는 기도다. 내 원대로가 아니라 아버지의 뜻대로 살 힘을 구하는 기도다. 내 안에 사는 이가 더 이상 내가 아니라 오직 그리스도이심을 인정하는 기도다. 이것이 바로 성령의 권능을 구하는 기도다. 이것이 하나님이 가장 바라시는 기도다. 그때야 비로소 성령의 능력이 내게 주어진다. 예수님이 하신 일뿐 아니라 그보다 더한 일도 할 수 있다. 그렇게 기도할 때 우리는 무엇이든지 구하는 대로 받는 하나님의 능력을 경험하는 삶을 살게 된다.

이것이 환난과 시련 속에서 우리가 드려야 하는 기도다. 성령의 권능을 구하라. 십자가를 회복하라.

Part 3

황량한 땅에서 생명을 긷는다는 것

chapter 07

하나님은 시대를 일으킬 사명자를 부르십니다

_ 학 1:1-15

구약의 선지서는 이스라엘 백성을 향한 하나님의 메시지를 대언하는 책이다. 이 선지서는 분량에 따라 대선지서와 소선지서로 구분된다. 대선지서는 이사야, 예레미야, 예레미야 애가, 에스겔, 다니엘 이렇게 다섯 권이고, 소선지서는 호세아, 요엘, 아모스, 오바댜, 요나, 미가, 나훔, 하박국, 스바냐, 학개, 스가랴, 말라기로 열두 권이다.

선지서를 분류하는 또 다른 기준이 있는데, '시대적 상황'에 따른 분류다. 이스라엘의 역사는 크게 세 시기로 분류할 수 있다. 남유다가 바벨론에 의해 패망하여 포로로 끌려가게 되는 기원전 586년을 기준으로 '포로 전 시대' '포로기 시대' '포로 귀환 후 시대'로 나뉜다. 열일곱 권 선지서도 이 시대 기준으로 '포로 전 선지서' '포로기 선지서' '포로 귀환 후 선지서'로 분류할 수 있다.

이스라엘의 포로 전 시대는 이스라엘 백성들이 하나님의 주권을 망각하고 우상을 숭배하며 하나님을 거역하는 '반역의 시대'다. 결국 하나님의 말씀대로 북이스라엘은 기원전 722년에 앗수르에 의해서 패망당하고, 남유다는 기원전 586년에 바벨론의 포로로 끌려가 70년 동안의 포로기 시대를 맞는다. 포로기 시대는 반역으로 인한 '징계의 시대'라고 말할 수 있다. 그렇다면, 포로 귀환 후 시대는 어떤가. 바로 '회복의 시대'다.

> [10] 여호와께서 이와 같이 말씀하시니라 바벨론에서 칠십 년이 차면 내가 너희를 돌보고 나의 선한 말을 너희에게 성취하여 너희를 이 곳으로 돌아오게 하리라 [11] 여호와의 말씀이니라 너희를 향한 나의 생각을 내가 아나니 평안이요 재앙이 아니니라 너희에게 미래와 희망을 주는 것이니라 (렘 29:10-11).

바벨론 제국은 기원전 539년 페르시아 제국에 의해 패망한다. 그 후 페르시아의 왕 고레스는 바벨론의 포로로 잡혀 온 유다 사람들을 그들의 땅으로 돌려보내라는 칙령을 선포하게 되는데, 이것이 바로 그 유명한 '고레스 칙령'이다. 이로써 유대인들은 포로 생활을 청산하고 이스라엘로 귀환하기 시작했다.

예루살렘으로 돌아온 이스라엘 백성 4만2,360명(스 2:64)은 바벨론에 의해 무너져 내린 예루살렘의 성전 재건을 시작했다. 그러나 얼마 지나지 않아 그곳에 거주하고 있던 사마리아인들의 반대로 무려 16년 동안이나 성전 재건이 중단되었다(스 4:24). 바로 이와 같은 상황 가운데, 성전 재건을 재개하라는 하나님의 명령을 받은 한 선지자가 등장하는데, 그가 바로 학개다.

우리가 선지서를 통해 배워야 하는 아주 중요한 교훈 세 가지가 있다. 첫째, 하나님의 말씀은 우리가 살아가고 있는 특정한 시대적 상황 속에 임하신다. 바꿔 말하면, 우리가 반드시 들어야만 하는 하나님의 시대적인 메시지가 있다. 그러므로 교회는 교회가 처한 시대적 상황 속에서 하나님의 메시지를 반드시 읽고 들을 수 있어야만 한다. 우리는 교회를 향한 시대적인 메시지를 제대로 듣고 있는가? 둘째, 하나님의 메시지는 구별하여 세우신 메신저를 통하여 전달된다. 셋째, 하나님의 메시지는 일차적으로 '총독 스룹바벨과 대제사장 여호수아'와 같은 지도자들에게 전달되었고, 그 지도자들을 통하여 백성들에게 전달되었다.

이 세 가지를 통해 하나님의 뜻이 이 시대 가운데 성취될 수 있다. 그러므로 우리는 이 세 가지를 위해 기도해야 한다.

"이 시대를 향하여 말씀하시는 '하나님의 시대적인 메시지'를 들려 주시옵소서. 메시지를 전달할 수 있는 '하나님의 메신저'를 보내 주시옵소서. 그 메시지를 통해 시대적인 사명을 깨닫고 그 사명을 위해 순종하는 스룹바벨과 여호수아와 같은 '하나님의 지도자들'이 일어나게 하여 주시옵소서."

그리스도인으로 잘 사는 법

민심을 따르지 말고 천심을 따르라

주 여호와의 말씀이니라 보라 날이 이를지라 내가 기근을 땅에 보내리니
양식이 없어 주림이 아니며 물이 없어 갈함이 아니요 여호와의 말씀을 듣
지 못한 기갈이라(암 8:11).

이 시대와 나라, 민족을 살리는 것은 양식도 생수도 아니다. 여
호와의 말씀이다. 여호와의 말씀을 들을 때 기근의 문제, 갈함의 문
제가 해결된다. 그러므로 하나님의 말씀을 대언하는 학개와 같은
선지자, 그리고 그 말씀을 듣고 하나님이 뜻하시는 시대적인 사명
을 이끌어 갈 수 있는 지도자들이 일어나야 한다.

이스라엘 백성들의 성전 재건 운동이 다양한 방해와 공격에 의해
중단된 상황 속에서 하나님은 학개를 통해 메시지를 들려주신다.
그들이 듣고 순종해야만 하는 '하나님의 시대적인 사명'이 있었다.
그것은 바로 중단된 성전 재건 공사를 재개하는 일이었다.

만군의 여호와가 이같이 말하여 이르노라 이 백성이 말하기를 여호와의
전을 건축할 시기가 이르지 아니하였다 하느니라(학 1:2).

스룹바벨과 여호수아, 이 두 지도자는 '성전 재건'이라고 하는
하나님의 시대적 사명을 백성들의 반대로 중단하고 있었던 것으
로 보인다. 하나님의 사명은 사람들이 반대한다고 중단하는 게 아
니다.

세속적인 지도자와 하나님의 지도자의 가장 중요한 차이가 있다. 하나님의 지도자들은 언제나 하나님의 뜻을 따라간다. 그러나 세속적인 지도자들은 민심을 따라간다. 그리고 하나님은 그와 같은 지도자들을 언제나 경멸하셨다.

"민심이 천심이다"라는 거짓말이 있다. 이스라엘 백성들의 민심은 가나안 땅으로 인도하고자 하셨던 하나님의 천심을 거슬러 심판을 받았고, 이스라엘 백성들의 민심은 아론에게 하나님을 대체할 수 있는 금송아지를 만들도록 요구하여 천심을 분노하게 만들었다. 사울은 아말렉과의 전쟁에서 취득한 기름진 동물을 취하고자 했던 민심을 따르기 위해 모든 동물을 진멸하라는 하나님의 천심을 거역했다. 결국 사울의 왕권은 다윗에게로 넘어가게 된다. 민심은 민심이고 천심은 천심이다. 하나님의 지도자는 4만 명의 이스라엘 민심을 따라가는 자가 아니라, 그 민심을 천심으로 이끌어 가는 사명과 책임을 감당해야만 하는 것이다.

스코틀랜드의 종교개혁가 존 녹스(John Knox)에게 누군가가 찾아와서 백성들의 민심을 전해 주었다고 한다.

"존 녹스여, 지금 이 땅의 모든 사람이 당신을 반대하고 있습니다."

그러자 존 녹스는 눈 하나 깜짝 않고 이렇게 대답했다고 한다.

"그렇다면 나는 그 모든 사람을 반대합니다."

이스라엘 땅에 하나님의 시대적인 사명이 중단된 이유는 스룹바벨과 여호수아, 이 두 지도자가 하나님의 소리가 아닌 백성들의

그리스도인으로 잘 사는 법

소리에 묶여 있었기 때문이다. 그래서 하나님의 역사가 중단된 것이다. 그래서 하나님은 이스라엘에 새로운 메신저인 학개를 보내주셨다.

사람의 소리가 아니라 하나님의 음성에 귀를 기울이라. 하나님의 역사는 그분의 음성을 듣고 순종하는 자들을 통하여 이뤄진다. 하나님은 당신의 음성을 듣고 순종하는 지도자를 통해 위대한 일을 이루신다. 하나님의 시대적인 사명은 언제나 그와 같은 사람들을 통해 성취되었다.

때는 하나님이 정하신다

사람들이 하나님의 뜻을 회피하고자 할 때 가장 흔하게 사용하는 핑계가 있다. '아직 때가 아니다'라는 것이다. 물론 하나님의 때를 분별하는 것은 매우 중요하다. 그러나 하나님의 때는 우리가 정하는 것이 아니다. 하나님이 정하시는 것이다. 하나님이 하라는 때가 우리가 해야할 때다. 하나님이 가라는 때가 우리가 가야 할 때다.

이 성전이 황폐하였거늘 너희가 이 때에 판벽한 집에 거주하는 것이 옳으냐(학 1:4).

이스라엘 백성들이 "아직 성전을 재건할 시기가 아니다"라고 말한 이유는 '내 집'이 '하나님의 집'보다 더 우선순위에 놓여 있었기 때문이다. 이 사람들에게 하나님의 일은 언제나 지금이 아니라 나중에 해야 할 일이다. 지금 시급히 해야 할 일은 언제나 나를 위한 일, 내 집을 위한 일이다. 이것이 성전 재건이라고 하는 하나님의 시대적 사명이 중단된 이유였다.

하나님은 하나님의 사명을 방해하는 요소들을 그냥 모른 척 내버려 두시지 않는다. 그 요소들을 드러내고 제거하신 다음 중단 없이 이어가게 하신다. 그 방법이 바로 징계다. 하나님의 징계는 나만을 위해 살던 사람을 하나님을 위해 사는 사람으로 변화시킨다. 자기 집만을 위해 살던 사람을 하나님의 집을 위해 살아가는 사람으로 변화시킨다. 그래서 우리는 징계를 받으면 삶의 목적과 방향이 나 중심에서 하나님 중심으로 변화된다. 하나님의 사명. 그것이 내 삶의 유일한 이유요 목적이 된다. 이것이 회개의 본질적인 열매다.

하나님에게는 시대마다 이루고자 하시는 뜻이 있다. 그 뜻을 이루기 위해서 사람을 부르시고, 그 사람들에게 시대적인 사명을 맡기신다. 지금의 시대적인 상황 속에서 하나님이 우리에게 명령하고 계시는 시대적인 사명은 무엇인가? 무너진 성전을 재건하라는 것인가? 그렇다면, 우리가 다시 재건해야 할 성전은 구체적으로 무엇인가?

첫째, 통일한국이다. 다시 말해 북한 땅의 무너진 성전을 재건하는 일이다. 북한 전역에 세워진 김일성, 김정일, 김정은의 우상들을

그리스도인으로 잘 사는 법

무너뜨리고, 전체주의 사교 체제를 붕괴시키고 동방의 예루살렘이라 불리던 평양 땅에 하나님의 거룩한 성전을 재건하는 일, 즉 통일한국의 사명이 하나님이 우리에게 명령하고 계시는 시대적인 사명이다.

둘째, 선교한국이다. 통일한국의 목적은 선교다. 그래서 온 열방 가운데 무너진 하나님의 성전을 재건하는 것이다. 중국, 무슬림, 아프리카, 이스라엘과 예루살렘 땅에 그리스도의 몸 된 성전, 즉 교회를 재건하는 선교적인 사명이 바로 통일의 목적이다.

셋째, 통일한국과 선교한국의 시대를 이끌어 갈 수 있는 다음 세대를 재건하는 일이다. 다음 세대가 무너져 가고 있다. 한국 교회 안에 아이들이 사라져 가고 있다. 주일 학교가 없는 교회가 60퍼센트가 넘는다. 전문가들은 앞으로 10년 후가 되면 한국 교회가 현재의 10분의 1로 줄어들 것이라고 예상한다. 다음 세대를 재건하기 위해 교회는 다음 세대 중심으로 변화되어야 한다. 그렇게 해서 통일한국과 선교한국의 시대를 이끌어 갈 수 있는 다니엘, 에스더와 같은 인물들을 길러 내야만 한다. 이것이 오늘날 교회와 성도에게 명령하고 계시는 하나님의 시대적인 사명이다.

슬기로운 신앙생활의 핵심은 우선순위에 있다. 이 우선순위가 항상 뒤집혀 있으므로 우리의 신앙생활이 어리석어지는 것이다. 염려와 걱정으로 가득차 하나님의 복을 받지 못하는 것이다. 하나님의 사명은 하나님이 이루신다. 하나님의 사명을 이루시는 주체는 사람이 아니라 성령 하나님이시다. 성령 하나님이 우리와 함께하신다. 그러므로 용기를 내자. 무너진 성전을 재건하라. 통일한국의 재건을 준비하고 선교한국의 사명을 감당하라. 그 일은 우리의 다음 세대를 훈련시키는 일에서부터 시작되어야 한다.

chapter 08

세상이 부패해도 말씀에 생명이 있습니다

_ 막 9:14-29

부흥이란 무엇인가? 부흥은 '리바이벌(Revival)', 즉 '다시 살아나는 것'이다. 죽었던 인생, 죽었던 가정, 죽었던 교회, 죽었던 나라, 죽었던 다음 세대가 다시 살아나는 것, 그것이 바로 부흥이다. 부흥이야말로 이 시대를 향한 하나님의 뜻이요, 그분의 가장 간절한 열망임을 믿는다.

메마르고 생명력을 잃어 가고 있는 대한민국과 한국 교회, 그리고 마른 뼈와 같이 죽어 가는 다음 세대들의 부흥을 향한 갈망이 이 땅의 모든 교회와 성도의 마음 중심에 불타올라야 한다. 교파를 초월하여 이 땅의 그리스도인들 전체가 한 덩어리가 되어서 부흥이 존재한다는 사실을 인식하고 그것을 간절하게 바라는 일에 하나가 되어야 한다.

교회사를 보면 부흥은 언제나 시대적으로 가장 어두운 암흑기에 시작되었다. 매일 맛있는 것을 먹고, 좋은 차를 타고 다니며 좋은 사람들과 인생을 즐길 때는 내가 영적으로 죽어 있는 상태라는 사실을 인지하기가 어렵다. 그렇다면 언제 깨닫게 되는가? 잘살던 사람이 갑자기 잘살지 못하게 되었을 때, 안정적으로 살던 사람이 갑자기 안정적이지 못한 상태가 되었을 때, 부족함이 없던 사람이 갑자기 부족한 사람이 되었을 때, 그때 비로소 자신이 영적으로 죽어 있는 상태라는 사실을 인지하게 되고, 영적인 부흥을 향한 갈망이 시작되는 것이다.

이스라엘이 예루살렘에서 우상 숭배하며 잘살 때는 자신들이 얼마나 영적으로 죽어 있는 상태인지 몰랐다. 그렇다면, 자신들의 영적인 상태를 언제 알게 되었는가? 그들의 나라가 망하고, 70년 동안 바벨론의 포로로 살아가게 되었을 때 비로소 자신들의 영적인 상태를 자각하게 되었고, 비로소 부흥의 토양이 준비될 수 있었다. 한국도 그랬다. 1894년 청일전쟁, 1904년 러일전쟁, 1910년 한일합방까지 19세기 말부터 진행된 '민족적인 암흑기' 속에서 놀라운 영적 대각성 운동이 일어났다.

그렇다면, 부흥은 어떻게 일어나는가?

세상이 부패하는 이유가 무엇인가

[17] 이삭이 그곳을 떠나 그랄 골짜기에 장막을 치고 거기 거류하며 [18] 그 아버지 아브라함 때에 팠던 우물들을 다시 팠으니 이는 아브라함이 죽은 후

그리스도인으로 잘 사는 법

에 블레셋 사람이 그 우물들을 메웠음이라 이삭이 그 우물들의 이름을 그
의 아버지가 부르던 이름으로 불렀더라(창 26:17-18).

이삭의 가족이 거류하게 된 광야에는 우물이 없었다. 물을 얻을
수단이 없으니 당장 죽을 수도 있는 긴급한 상황이었다. 그때 이삭
은 지체 없이 이렇게 생각했다.

'물이 없는 메마른 광야에서 우리는 새로운 우물을 찾기 위해 수
고할 필요가 없다. 내 아버지 아브라함이 팠던 우물을 다시 파면
된다.'

이삭은 아버지의 우물을 다시 팠다. 목마름은 해결되었고 생수
가 넘쳐났다. 이것이 오늘날의 부흥을 위해 우리가 해야 할 일이다.
우리의 조상이 파 두었던 생수의 근원을 다시 찾아내어 거기서 부
흥의 생수를 길어 올려야 한다. 초대교회의 선조들이 남긴 우물인
'오순절'을 다시 기억해야 하고, 죽어 있는 한민족을 다시 살려 낸
'평양대부흥운동'을 복원해야 한다. 다가올 '부흥의 여정'에 오르기
위해 우리는 지나간 '부흥의 궤적'을 다시 탐구하여 그것을 복원해
야만 한다.

28 집에 들어가시매 제자들이 조용히 묻자오되 우리는 어찌하여 능히 그
귀신을 쫓아내지 못하였나이까 29 이르시되 기도 외에 다른 것으로는 이
런 종류가 나갈 수 없느니라 하시니라(막 9:28-29).

예수님의 제자들은 귀신 들린 소년을 치유하기 위해 애썼지만 결국 실패했다. 마치 영권을 잃어버린 한국 교회의 모습을 보여 주는 듯하다. 오늘 우리가 시급하게 던져야 할 질문은 바로 "우리는 어찌하여 능히 그 귀신을 쫓아내지 못하였나이까"이다.

제자들이 실패할 수밖에 없었던 이유가 있다. 이 소년의 문제가 '이런 종류'의 문제라는 사실을 몰랐던 것이다. 문제를 해결하기 위해서는 문제의 종류를 정확하게 이해했어야 했다. 이들이 직면한 문제의 종류는 '육적인 문제'가 아니라 '영적인 문제'였다. '외면의 문제'가 아니라 '내면의 문제'였다. 그러나 제자들은 이 아들의 문제가 영적인 문제라는 사실을 제대로 이해하지 못했던 것으로 보인다. 영권 잃은 제자들이 하고 있었던 일이 무엇인지 아는가? 율법학자들과 변론하는 일이었다(막 9:14).

제자들은 문제의 본질을 정확하게 '진단'하는 일에 실패했다. 진단이 잘못됐으니 '처방'도 잘못되었을 수밖에 없다. 이것이 오늘날 교회의 모습이다. 그렇다면 오늘날 세상이 안고 있는 문제의 본질은 무엇인가? 인간의 '부패한 마음'이다(진단). 정책이나 제도가 문제가 아니다. 그 정책을 만들고 운영하는 사람의 마음이 부패한 것이 모든 문제의 본질이다.

만물보다 거짓되고 심히 부패한 것은 마음이라 누가 능히 이를 알리요마는(렘 17:9).

세상 만물이 부패한 것은 인간의 부패한 마음에서 비롯된 것이다. 즉 모든 문제의 본질은 바깥 세계가 아니라 인간 내면 세계에 존재하고 있다는 것이다. 우리의 마음이 더럽기 때문에 삶이 더러워지는 것이고, 가정이, 교회가, 세상이 더러워지는 것이다. 우리 삶을 조종하고, 이 세상을 이끌어 가는 것은 이 세상의 제도나 정책이 아니라 '인간의 마음'이다. 이 세상을 악취로 진동시키고 있는 이 세상의 모든 부패한 문화, 교육, 정치, 경제, 윤리, 문명은 전적으로 악취 나는 부패한 인간의 마음이 표출되는 것에 불과하다. 개인의 삶에서도 마찬가지다. 우리 삶을 악취로 진동시키는 다양한 부패한 열매들은 예외 없이 부패한 마음의 결과다.

따라서 우리 모두에게 가장 절실하게 필요한 것은 바로 '마음의 변화'다. 자꾸 외적인 환경과 조건 같은 엉뚱한 것을 바꾸려고 하지 말라. 인류 전체의 가장 절실한 필요도 마찬가지다. 우리의 관점과 선택과 모든 행동의 출처인 내면의 마음이 변화되어야 삶도 변화할 수 있는 것이다.

모든 지킬 만한 것 중에 더욱 네 마음을 지키라 생명의 근원이 이에서 남이니라(잠 4:23).

우리의 마음은 왜 이렇게 부패하게 된 것일까? 지키지 못했기 때문이다. 무엇으로부터 지켜 내지 못했는가? 사탄의 미혹으로부터 지켜 내지 못했다. 우리 마음은 또 무엇을 지켜 내지 못했는가?

'하나님의 말씀'을 지켜 내지 못했다. 그 결과 우리는 '사탄의 지배' '죄의 법칙의 지배'를 받게 되었다. 우리의 삶이 사망과 저주의 권세 아래에 있게 되었다. 이것이 바로 이 세상이 이토록 비참해진 이유, 부패한 이유다. 그리고 그것이 귀신 들린 소년이 상징적으로 보여 주고 있는 이 세상의 현실이다.

말씀이 부흥의 씨앗이다

그렇다면, 귀신 들린 인간의 '부패한 마음'을 어떻게 변화시킬 수 있을까? 모든 문제 해결의 본질은 '하나님의 말씀'이다(처방). 하나님 말씀의 강력한 선포와 가르침은 하나님이 부흥의 불을 지피시는 가장 중요한 수단이다. 베드로의 설교를 들었을 때 예수님을 십자가에 죽였던 강퍅했던 이스라엘 백성들의 마음이 성령의 역사를 통해 변화하기 시작했다.

[37] 그들이 이 말을 듣고 마음에 찔려 베드로와 다른 사도들에게 물어 이르되 형제들아 우리가 어찌할꼬 하거늘 [38] 베드로가 이르되 너희가 회개하여 각각 예수 그리스도의 이름으로 세례를 받고 죄 사함을 받으라 그리하면 성령의 선물을 받으리니(행 2:37-38).

이것이 부흥이다. 고넬료 가정에서 베드로가 설교할 때도 '말씀을 듣는 모든 사람'에게 성령이 임했다. 그곳에 모여 말씀을 듣던 모든 사람에게 성령이 임해 방언을 말했다고 기록한다(행 10:44 - 46). 하나님은 '말씀'을 도구로 성령의 감동을 불러일으켜 사람들의 부패한 마음을 변화시키시고, 죽어 있는 영혼 가운데 부흥을 일으키신다. 그러므로 한국 교회는 말씀 중심의 초대교회로 돌아가야 한다.

그런데 여기서 반드시 짚고 넘어가야 할 사실은, 부흥을 경험하기 위해서는 말씀 자체도 중요하지만 그 말씀을 듣는 우리가 결정적으로 중요하다. 누가복음 8장에서 예수님은 이와 관련해 씨 뿌리는 자의 비유를 말씀하신다. 하나님 나라를 경험하는 두 가지 비밀이 있는데, 첫 번째는 하나님의 나라가 담겨 있는 씨, 즉 '하나님의 말씀'이고, 두 번째는 그 씨가 뿌려지는 '마음 밭'이라는 것이다.

좋은 땅에 있다는 것은 착하고 좋은 마음으로 말씀을 듣고 지키어 인내로 결실하는 자니라(눅 8:15).

우리가 하나님의 말씀을 들을 때에는 그 말씀이 귀가 아니라 '마음'에 떨어져야 한다. 우리 마음 밭은 항상 착하고 좋은 상태에 있어야 한다. 착하고 좋은 마음 밭이란 무엇인가? 하나님의 말씀을 '믿는 마음', 곧 '믿음'이 있는 상태를 말한다. 내 마음에 떨어지는 하나님의 말씀을 믿는 마음으로 '아멘' 하는 것이다.

14 … 너희가 듣기는 들어도 깨닫지 못할 것이요 보기는 보아도 알지 못하리라 15 이 백성들의 마음이 완악하여져서 그 귀는 듣기에 둔하고 눈은 감

우리가 하나님의 말씀을 믿어야만 부패한 마음이 변화할 수 있
다. 마음이 변화되어야 죽어 있던 삶이 다시 살아난다. 죽어 있던
가정과 교회와 나라가 부흥할 수 있다.

유대 회당의 회당장인 야이로라 하는 사람이 와서 예수를 보고는
발아래 엎드린다. 그야말로 천지가 개벽할 일이다. 도대체 이 회당
장에게 무슨 일이 일어난 것일까? 알고보니 회당장의 어린 딸이 죽
을 병에 걸렸다. 회당장은 예수님에게 간곡하게 부탁한다.

"제발 한 번만 우리 집에 오셔서 딸 위에 손을 얹으셔서 죽어 가
는 아이를 살려 주옵소서."

예수님이 회당장 야이로의 집에 도착하셨을 때 딸은 이미 죽어
있었다. 그러나 예수님은 회당장에게 "아무것도 두려워하지 말고
믿기만 하라"고 말씀하셨다. 그러고는 사람을 모두 내보내시고 가
족들과 함께 아이가 있는 방으로 들어가셨다. 예수님은 아이의 손
을 잡고 말씀하셨다.

그 아이의 손을 잡고 이르시되 달리다굼 하시니 번역하면 곧 내가 네게 말

하노니 소녀야 일어나라 하심이라(막 5:41).

모든 하나님의 말씀은 예수 그리스도에 관한 가르침일 뿐 아니라

그리스도인으로 잘 사는 법

예수 그리스도 그 자체시다. 그래서 우리는 하나님의 말씀을 믿는 마음을 가져야만 한다. 하나님의 말씀을 마음으로 받아들인다는 것은 결국 우리의 마음으로 예수 그리스도를 받아들이는 것이다. 그때 우리의 부패한 마음이, 죽어 있는 삶이 다시 살아나는 부흥을 경험하게 된다.

> 태초에 말씀이 계시니라 이 말씀이 하나님과 함께 계셨으니 이 말씀은 곧 하나님이시니라(요 1:1).
> 말씀이 육신이 되어 우리 가운데 거하시매 우리가 그의 영광을 보니 아버지의 독생자의 영광이요 은혜와 진리가 충만하더라(요 1:14).

그래서 하나님의 말씀을 마음으로 받아들인다는 것은 결국에는 우리의 마음으로 예수 그리스도를 받아들이는 것이다. 그때 우리의 부패한 마음이, 죽어 있는 삶이 다시 살아나는 부흥을 경험하게 된다.

> 9 네가 만일 네 입으로 예수를 주로 시인하며 또 하나님께서 그를 죽은 자 가운데서 살리신 것을 네 마음에 믿으면 구원을 받으리라 10 사람이 마음으로 믿어 의에 이르고 입으로 시인하여 구원에 이르느니라(롬 10:9-10).

교회 안의 많은 프로그램이 중요한 것이 아니다. 교회를 살리는 것은 프로그램이 아니다. 우리의 부패한 마음을 변화시켜 죽어 있는 인생을 다시 살리시는 분은 말씀을 통해 역사하시는 성령 하나님이다.

성령의 검 곧 하나님의 말씀을 가지라(엡 6:17).

물론 교회가 현대인들의 요구를 파악하고 좋은 프로그램을 개발하여 시대의 흐름에 민감하게 대처하는 것은 필요한 일이다. 하지만 더 시급하고 중요한 것은 하나님의 말씀을 통해 역사하시는 성령의 능력을 체험하는 일이다.

부흥을 위해서 말씀과 반드시 짝을 이뤄야 하는 것이 있다. 바로 기도다. 교회 안에 부흥을 위한 간절한 기도가 있어야 한다. 성령 하나님은 말씀과 기도라고 하는 양 날개를 가지시고 비둘기같이 우리 가운데 임재하신다.

기도 외에는 이런 류가 나갈 수 없다

"우리는 어찌하여 소년에게 들린 귀신을 쫓아내지 못했습니까?"라고 묻는 제자에게 예수님은 말씀하셨다.

"기도 외에는 이런 류가 나갈 수 없다. 너희는 거기에서 실패했다. 너희는 너희가 가지고 있는 능력을 사용했다. 너희는 너희의 능력을 확신했다. 그러나 통하지 않았다. 나에게는 성령 하나님으로 말미암는 하나님의 권능이 있었기 때문에 그 일을 할 수 있었다. 하

그리스도인으로 잘 사는 법

나님만이 너희에게 주실 수 있는 능력을 간구해라. 그렇지 않으면 이런 류를 결코 다루지 못할 것이다. 너희에게는 그 악한 세력을 제압하고 파괴시킬 수 있는 권능이 필요하다. 그리고 그것을 해낼 수 있는 것은 오직 하나, 하나님의 능력밖에 없다."

우리에게 필요한 것은 사람들의 마음에 침투하여 그 마음을 깨뜨리고 낮추고 새롭게 만들 수 있는 하늘의 권능이다. 우리는 그 능력을 구하고 그것을 위해서 기도해야 한다. 그 능력을 달라고 간청하며 탄원해야 한다. 그러한 능력이 내 삶에, 우리 교회 가운데 나타나기를 기도해야 한다. 그럴 때 소년에게 들렸던 귀신이 나간 것과 같은 일이 우리 가정, 교회, 나라 가운데 일어날 것이다. 소년의 이야기는 모든 부흥 역사의 이야기다. 부패한 마음을 변화시킬 수 있는 방법은 무엇인가? 하늘로부터 임하시는 성령의 역사와 개입으로만 사람의 부패한 마음이 변화를 받을 수 있다. 그리고 그와 같은 역사는 오직 간절한 기도를 통해서만 일어난다.

1859년 영국, 아일랜드, 웨일즈 전역에 일어난 놀라운 부흥을 이해하는 핵심 키워드, 1903년부터 1907년에 이르는 놀라운 한국교회 대부흥운동을 이해하는 핵심 키워드는 기도다. 지금까지 기록된 모든 부흥은 기도 속에서 태어났다. 우리는 하나님의 주권적인 은혜 없이는 주의 사역을 감당할 수 없다는 겸허한 자세를 가지고 무릎을 꿇고 기도를 드려야 한다. 말씀과 기도는 교회사가 증언하는 부흥의 유일한 수단이다. 말씀과 기도, 이 두 가지는 항상 같이 가야 한다.

그런 의미에서 부흥이란, 하나님의 영(성령)이 하나님의 말씀(성경)을 통하여 기도하는 하나님의 사람들(성도/교회)의 마음 속에서 일하시는 것이다. 그래서 마른 뼈와 같이 죽어 있는 개인과 가정과 교회와 나라를 다시 살리시는 것이다.

⁴ 또 내게 이르시되 너는 이 모든 뼈에게 대언하여 이르기를 너희 마른 뼈들아 여호와의 말씀을 들을지어다 ⁵ 주 여호와께서 이 뼈들에게 이같이 말씀하시기를 내가 생기를 너희에게 들어가게 하리니 너희가 살아나리라(겔 37:4-5).

영적 대각성과 부흥이 일어나게 되면 어떤 방법으로도 해결되지 않았던 정치, 경제, 문화, 사회적인 문제가 해결된다. 영국에서는 '웨슬리 부흥운동'을 통해 노예 문제, 감옥 제도, 술매매, 교육 문제 등이 해결되었다. 그뿐만 아니다. 당시 영국은 복음이 물결치고 술 소비는 물론 범죄까지 감소했다. 도시의 거리를 걷는 것이 안전해졌다. 재계와 관계의 뇌물과 부패도 줄어들었다. 대화도 정숙하고 예의 바르게 바뀌었다. 극장은 저속하고 음란한 곳이 아니라, 다시 한번 진정한 예술과 오락의 장소가 되었다. 도박 행위도 거의 사라졌고 잔인한 스포츠는 법령으로 금지되었다. 모든 삶의 영역에서 부흥의 영향력이 느껴졌다.

조나단 에드워즈(Jonathan Edwards)를 비롯한 미국의 영적 지도자들을 통해 촉발된 '제1차 영적대각성 운동'은 미국의 독립과 건국의 정신적 틀을 제공했다. 1907년 '평양대부흥운동'은 마른 뼈와 같이 죽어 있던 조선 사람들을 하나님의 군대로 일으켜 유교 체제에 기반한 조선시대를 끝내고 자유민주주의 체제에 기반한 대한민국을 탄생시키는 국가 혁명의 정신적, 정치적 원동력이 되었다. 복음으로 다시 태어난 이 땅의 교회가 건국 혁명의 주역이 되었다. 이제 대한민국과 한국 교회는 분단된 조국의 '통일 혁명'으로 나아가야 한다. 이와 같은 사명을 위해 다음 세대를 일으켜야 한다. 북한 지하교회에 남겨져 있는 소수의 성도들의 순교적 신앙을 불씨로 삼아 대한민국 교회에 다시금 부흥의 물결을 일으켜야 한다.

> [11] 여호와가 너를 항상 인도하여 메마른 곳에서도 네 영혼을 만족하게 하며 네 뼈를 견고하게 하리니 너는 물 댄 동산 같겠고 물이 끊어지지 아니하는 샘 같을 것이라 [12] 네게서 날 자들이 오래 황폐된 곳들을 다시 세울 것이며 너는 역대의 파괴된 기초를 쌓으리니 너를 일컬어 무너진 데를 보수하는 자라 할 것이며 길을 수축하여 거할 곳이 되게 하는 자라 하리라 (사 58:11-12).

chapter 09

위선을 청소해야 부흥이 옵니다

_ 행 5:1-11

하나님이 우리에게 부흥의 시대를 허락하실 때 나타나는 세 가지 공통적인 현상이 있다. 첫 번째는 진리의 회복이다. 특별히 구원에 관한 진리 회복이 일어났다. 두 번째는 개인적, 사회적인 구원을 경험했다. 세 번째는 그와 같은 강력한 부흥의 역사는 언제나 사탄의 사나운 반격을 불러일으켰다.

사탄의 반격은 크게 두 가지 형태로 이뤄졌다. 첫째는 교회 바깥 세력으로부터 가해지는 '물리적 폭력'이다. 오순절 다락방에 놀라운 성령 강림의 역사가 시작되자 교회 바깥의 사람들이 성령 충만한 사람들을 가리켜 '술에 취했다'라고 조롱하기 시작했고, 제사장들과 서기관들은 사도들을 채찍질하고 옥에 가두며 그리스도의 이름으로 사람을 가르치지 말 것을 엄포했다. 사탄의 두 번째 전략은 교회 내부로부터 발생하는 '도덕적 부패'다. 사도행전에 기록된 아나니아와 삽비라 부부의 이야기는 바로 그와 같은 초대교회 공동체 내부의 상황을 우리에게 잘 보여 주고 있다.

위선은 하나님을 속이는 것

[1] 아나니아라 하는 사람이 그의 아내 삽비라와 더불어 소유를 팔아 [2] 그 값에서 얼마를 감추매 그 아내도 알더라 얼마만 가져다가 사도들의 발 앞에 두니(행 5:1-2).

아나니아와 삽비라는 자신의 소유를 판 돈의 일부를 감추고 나머지 일부분만을 사도들의 발 앞에 갖다 두었다. 2절에서 '감추매'라고 번역한 단어는 헬라어로 '도둑질하다'라는 의미가 있다. 즉 아나니아와 삽비라가 한 짓이 도둑질이라는 의미다. 사실 땅을 판 돈의 전부를 바치든 아니면 일부만을 바치든 그것은 그들의 자유다. 왜냐하면 땅도 그들 것이었고, 그걸 판 돈도 그들 것이기 때문이다. 그러므로 그 돈의 일부를 드렸다 할지라도 그것은 희생이요 헌신이지, 도둑질이라고 말할 수는 없는 것이다.

그런데 베드로는 왜 이들이 한 짓을 도둑질이라고 표현한 것일까? 아마도 아나니아와 삽비라가 자신의 소유를 판 돈의 전부를 바치기로 사도들과 약속했기 때문인 것으로 보인다(행 5:4). 즉 베드로가 여기서 지적하는 문제의 핵심은 바로 위선이다. 땅을 판 돈의 일부만을 바치면서 마치 전부를 바치는 양 위선을 행하고 있는 아나니아와 삽비라의 행동을 문제삼은 것이다. 이들은 희생을 감수하지 않으면서, 희생으로부터 주어지는 영광과 명성을 도둑질하고자 했다. 그들의 헌금은 '하나님의 영광'이 아니라 '자신의 영광'을 위한 것이었고, 굶주린 자들이 아니라 자신의 '명예'를 살찌우기 위한 것이었다. 다른 사람들의 눈에는 그것이 보이지 않았을지 모르지만 성령 하나님은 그들이 희생으로 치장한 행위 배후에 은밀하게 역사하고 있는 사탄의 교활한 활동을 정확하게 꿰뚫어 보고 계셨던 것이다.

그렇다면, 위선이란 무엇인가?

[3] 베드로가 이르되 아나니아야 어찌하여 사탄이 네 마음에 가득하여 네가 성령을 속이고 땅 값 얼마를 감추었느냐 [4] 땅이 그대로 있을 때에는 네 땅이 아니며 판 후에도 네 마음대로 할 수가 없더냐 어찌하여 이 일을 네 마음에 두었느냐 사람에게 거짓말한 것이 아니요 하나님께로다(행 5:3-4).

위선이란 첫째, 내 마음에 사탄이 가득한 상태를 의미한다. 둘째, 성령 하나님에게서 무언가를 감추는 행위다. 셋째, 사람이 아니라 하나님을 속이고 거짓말하는 것이다.

그렇다면, 이들이 감추고자 했던 것은 무엇인가? 자기 자신을 높이고자 하는 마음이다. 사도행전 2장에 보면 성령 강림을 통한 부흥의 역사와 함께 일어났던 아주 특별한 현상이 하나 있었는데, 그것은 바로 자신의 재산과 소유를 팔아 각 사람의 필요를 따라 나눠

그리스도인으로 잘 사는 법

주는 일이었다. 참으로 놀라운 일이다. 그들의 희생적인 도움을 받은 사람들은 말할 것도 없고, 그 사실을 알게 된 많은 사람이 그들을 칭찬하고 존경하게 되었을 것이다. 이들은 베드로를 비롯한 초대교회 지도자들의 신임을 한 몸에 받으면서 공동체 안에서의 입지와 영향력도 갖게 되었을 것이다. 이것은 우리의 일상적인 경험에 비추어 보았을 때 쉽게 유추해 볼 수 있는 내용들이다.

그와 같은 분위기 속에서 아나니아와 삽비라는 그들이 받는 존경과 사랑이 부러웠던 것 아닐까? 사탄은 그 마음을 사용해서 그들의 속에 경쟁심과 시기심, 질투심을 촉발시켰을 것이다. 어쨌든 아나니아와 삽비라 부부는 약속과 달리 땅을 판 돈 전부를 다 바치는 척하면서 일부만을 바쳤다. 그 순간 성령 하나님은 그들의 마음에 가득한 위선을 베드로에게 보여 주셨다.

아나니아가 이 말을 듣고 엎드러져 혼이 떠나니 이 일을 듣는 사람이 다 크게 두려워하더라(행 5:5).

위선은 결국 우리를, 또 우리의 교회를 이와 같은 운명으로 이끌어 간다. 그러므로 우리는 위선이 얼마나 무섭고 두려운 죄인가를 알아야 한다.

위선을 청소하라

9 베드로가 이르되 너희가 어찌 함께 꾀하여 주의 영을 시험하려 하느냐 보라 네 남편을 장사하고 오는 사람들의 발이 문 앞에 이르렀으니 또 너를 메어 내가리라 하니 10 곧 그가 베드로의 발 앞에 엎드러져 혼이 떠나는지라 젊은 사람들이 들어와 죽은 것을 보고 메어다가 그의 남편 곁에 장사하니 11 온 교회와 이 일을 듣는 사람들이 다 크게 두려워하니라(행 5:9-11).

우리는 누가가 기록한 초대교회 내부 생활에 대한 기록을 통해서 참된 신앙의 부흥이 일어날 때 그 안에서 거짓되고 위선적인 신앙도 함께 일어나게 됨을 확인할 수 있다. 부흥의 역사, 성령 강림의 역사로 말미암아 한쪽에서는 사도의 가르침을 받아 서로 교제하고 떡을 떼며 자신의 재산과 소유를 팔아 각 사람의 필요를 따라 나눠주는 참 신앙의 열매가 나타나는 반면에, 또 다른 한쪽에서는 가라지와 같은 위선적인 신앙이 함께 자라나 하나님의 진노와 저주를 받아 죽어 나가는 사람들이 생겨났다. 이와 같은 현상은 모든 부흥의 시대에 공통적으로 일어나는 일들이었다.

이것은 바꿔 말하면, 밀과 가라지의 '분리'가 일어나게 된 것이다. 진리의 영이신 성령 하나님이 교회 공동체 안에 강림하시게 되면 인간의 눈으로는 분별할 수 없었던 밀과 가라지를 성령 하나님이 분별해 내시고 그다음에는 가라지를 밀로부터 떼어 내시는 분리 작업을 진행하신다. 그것이 부흥이 일어날 때 나타나는 아주 중요한 특징이다. 그리고 그것이 누가가 기록하고 있는 성령 하나님

그리스도인으로 잘 사는 법

의 부흥을 위한 사역이다. 누가는 아나니아와 삽비라의 죽음이 '하나님의 신적인 심판'이었음을 분명하게 밝히고 있다. 초대 교회 공동체 안에서 하나님은 위선자들을 분별해 내셨다. 그다음에는 그들을 교회 공동체로부터 분리하고 제거하셨다. 이로써 거룩한 교회 공동체 안에서 시작된 성령 하나님의 부흥이 사탄의 반격에 의해 방해받지 않고 지속적으로 전진해 나갈 수 있도록 조치를 취하고 계신 것이다.

성령이 강림하시면 이와 같은 역사가 우리 안에서도 동일하게 일어난다. 하나님의 말씀을 통해 역사하시는 좌우에 날 선 성령의 검이 사정없이 내 안에 가득한 위선을 드러내고 찌르고 쪼개신다. 내 심령 속에서, 그리고 우리 교회 공동체 안에서 이 '위선의 혼'이 떠나가게 하신다. 그렇게 함으로써 우리의 교회 공동체 안에서 시작된 하나님의 부흥이 소멸되지 않고 지속적으로 성장해 나갈 수 있게 되는 것이다.

우리는 이와 같은 위선의 대청소가 이뤄지기를 기도해야 한다. 이 위선이 죽어 나가기 전에는 부흥의 역사가 시작될 수 없기 때문이다. 그래서 예수님은 설교 가운데 특별히 서기관들과 바리새인들의 외식을 경계할 것을 촉구하셨고, 동시에 그와 같은 외식을 행하는 자들에 대한 하나님의 엄중한 심판을 경고하셨다.

25 화 있을진저 외식하는 서기관들과 바리새인들이여 잔과 대접의 겉은 깨끗이 하되 그 안에는 탐욕과 방탕으로 가득하게 하는도다 26 눈 먼

바리새인이여 너는 먼저 안을 깨끗이 하라 그리하면 겉도 깨끗하리라

(마 23:25-26).

사도들 역시 서신에서 교회 바깥 세력의 물리적인 핍박보다 내부 성도들의 위선이야말로 교회에 더욱 치명적인 사탄의 공격이라는 사실을 알리는 일에 훨씬 더 많은 지면을 할애하고 있다.

6 너희가 자랑하는 것이 옳지 아니하도다 적은 누룩이 온 덩어리에 퍼지는 것을 알지 못하느냐 7 너희는 누룩 없는 자인데 새 덩어리가 되기 위하여 묵은 누룩을 내버리라 우리의 유월절 양 곧 그리스도께서 희생되셨느니라 8 이러므로 우리가 명절을 지키되 묵은 누룩으로도 말고 악하고 악의에 찬 누룩으로도 말고 누룩이 없이 오직 순전함과 진실함의 떡으로 하자… 12 밖에 있는 사람들을 판단하는 것이야 내게 무슨 상관이 있으리요마는 교회 안에 있는 사람들이야 너희가 판단하지 아니하랴 13 밖에 있는 사람들은 하나님이 심판하시려니와 이 악한 사람은 너희 중에서 내쫓으라(고전 5:6-13).

참된 신앙의 기준은 감정과 실천

우리가 해야 할 일이 있다. 참된 신앙의 본질이 무엇인가를 분별하는 것이다. 부흥은 참된 신앙과 위선적인 신앙을 분별하여 떼어낼 때 시작된다. 위선적인 신앙으로 가득한 사람들이 모여 있는 공

동체 안에 성령 하나님이 생명의 역사를 일으키실 수는 없다.

그렇다면, 참된 신앙의 본질은 무엇인가? 참된 신앙과 위선적인 신앙을 분별할 수 있는 성경적인 기준은 무엇인가? 그것은 바로 우리 마음 속에서 일어나는 '신앙적인 감정들'이다. 이 영역에서 혁혁한 공을 세운 사람이 조나단 에드워즈(Jonathan Edwards)다. 그는 저서인 《신앙감정론》(부흥과개혁사, 2005)에서 "참된 신앙의 본질은 바로 우리의 신앙적인 감정에 있다"고 말했다.

1차 영적 대각성 운동 당시 참으로 기이하고도 놀라운 부흥의 현상들이 많이 나타났는데, 특별히 조나단 에드워즈는 부흥의 시기에 성도가 그전에는 맛보지 못했던 새로운 감정들을 경험는 것을 목격했다. 전에는 느껴 보지 못했던 새로운 기쁨, 슬픔, 미움과 분노, 열정과 같은 새로운 감정이 일어나게 되면서 언제부턴가 기도와 찬양 소리가 시끄러워지고, 설교는 끝날 줄을 모르고, 비가 오나 눈이 오나 사람들이 극성맞게 예배에 참석하고, 또 예배가 끝나면 극성맞게 모여서 떡을 떼며 교제를 하고, 교제를 마친 후에는 흩어져서 전도를 하는 것이다. 실제로 은혜를 받고 성령의 부흥을 경험하게 되면 사람이 하나님에 대해, 하나님의 나라와 사명에 대해 좀 극성맞아지는 경향이 생겨난다. 그러다 보니 성령 충만하지 않은 사람들이 오히려 성령 충만한 사람들을 비판하고 정죄하는 어처구니없는 일들이 일어나게 되는 것이다. 오죽했으면, 오순절 다락방에서 기도하는 사람들을 향하여 "술에 취했다"라고 조롱했겠는가?

생각해 보라. 노래 한 곡을 들어도 마음의 감동이 일어나고, 감동적인 드라마 한 편을 보더라도 눈에서 눈물이 흘러나오는 법인데, 어떻게 예수 그리스도를 통해 나타난 하나님의 은혜와 사랑의 드라마를 듣고도 무감각하고 냉담한 자세로 앉아 있을 수 있을까? 지극히 위대하신 하나님의 역사, 하나님의 진노, 하나님의 영광, 그리스도 안에 있는 하나님의 무한하신 사랑과 은혜, 그리고 영원에 대한 일들을 우리에게 말씀해 주신다면 어떻게 마음이 흔들리 않고 빳빳하게 굳어 있을 수가 있단 말인가? 작은 새 소리에도 움직이는 것이 사람 마음인데 어떻게 천지를 창조하신 하나님의 말씀을 듣고도 아무런 감동이 없을 수 있단 말인가? 그럴 수 없다.

하나님이 임재하실 때 우리 안에 나타나는 가장 중요한 현상은 불일 듯 일어나는 감동과 감정이다. 마치 베드로가 예수님의 말씀을 의지하여 그물을 내렸을 때 그물이 찢어지고 배가 가득 차게 된 것처럼, 연약한 질그릇 같은 우리 안에 하나님이 임재하시면 뇌 회로가 찢어지고 신경 세포가 터져 나가는 것과 같은 마음의 감동과 감정을 느끼는 것이다. 그러므로 이 놀라운 복음을 들으면서도 아무런 감동과 감정이 없다면 그것은 분명히 정상적인 상태가 아니다. 그것은 우리의 마음이 얼마나 돌같이 굳어져 부패한 상태인지를 방증해 주는 것일 뿐이다. 길거리에서 주인을 잃고 방황하는 유기견을 바라보면서도 마음 아파하는 사람들이 저 북한 땅에서 죽어 가는 동포들을 향하여 마음 아파하지 않는다면, 그것은 그만큼 우리의 마음이 병들어 있다는 방증이요, 우리는 그와 같은 병든 마음과 영혼부터 치유를 받아야 하는 것이다. 거룩한 감정이 나타나기

그리스도인으로 잘 사는 법

를 위해, 신앙적인 감정이 일어나기를 위해 기도해야 한다. 눈물로, 금식하며 기도해야 한다. 하나님의 영광, 하나님의 사랑, 하나님의 은혜, 하나님의 진노가 내 마음에 감동을 주어 내 마음 속에 참된 신앙적인 감정이 고양되게 해야 한다. 바로 이것이 우리의 구체적인 기도의 제목이다.

물론 신앙적 감정이 매우 크고 높이 고조되었다고 해서 그것이 무조건 참된 신앙의 표지는 아니다. 감정적으로 뜨겁다고 해서, 열심과 극성맞음이 있다고 해서 그것이 꼭 성령의 역사는 아니라는 말이다. 마치 아나니아와 삽비라가 땅을 팔고, 그 판돈의 일부를 바쳤던 이 극성스러운 열심이 사실은 가짜였던 것과 마찬가지다.

참된 신앙의 감정들은 반드시 '참된 신앙의 실천'으로 열매를 맺게 되어 있다. 하나님이 인간을 창조하실 때 행동을 유발시키는 원천으로 삼으신 것이 바로 감정이다. 우리가 바쁘고 활발하게 움직이는 것을 가능하게 하는 것이 감정이라는 말이다. 모든 사랑과 미움, 희망과 두려움, 분노와 열심, 열정적인 소원들을 다 제거해 보라. 그러면 세상은 아무런 움직임도 없게 될 것이다. 자신의 목표를 향해 아침부터 밤늦게까지 부지런히 뛰어다니는 일도 없을 것이다. 욕심 많은 사람이 자신의 욕구를 채우기 위해 뛰어다니는 것도 사실은 그 사람의 마음속에 있는 '욕망'이라고 하는 감정이 있기 때문이다. 이러한 감정들이 사람을 움직이게 만들고 세상의 모든 일을 추진해 나간다.

하나님 나라와 의를 위해, 우리의 영혼과 잃어버린 영혼을 위해

밤낮으로 깨어 힘쓰며 활동하도록 하는 근원의 샘은 바로 신앙적인 감정이다. 교리적인 지식이나 사변적인 생각을 가지고 있다 하더라도 신앙적인 감정이 없다면 그 사람은 신앙의 일에 절대 참여하지 않는다.

부흥의 분명한 표지 역시 신앙의 감정이다. 진정한 부흥의 생명은 바로 신앙적인 감정에 있다. 성령이 임하심으로 부패한 마음이 변화를 받을 때 가장 분명하게 필연적으로 일어나는 일이 신앙적 감정이 고양된다는 사실이다. 그러므로 우리는 위선으로 덮여 있는 무감각해진 감정의 바위를 하나님이 깨뜨려 주시기를 기도해야 한다. 그래야 성령으로 말미암는 신앙적인 감정들이 살아나고, 그와 같은 감정들이 신앙적으로 행하게 함으로써 부흥의 열매를 맺을 수 있다. 신앙의 감정이 강력해지고 더욱 고양되어 거룩한 삶을 살아가게 되는 것, 이것이 부흥의 표지다. 거듭남의 표지다. 거룩한 감정이 마음과 영혼에 굳게 자리 잡는 만큼 우리는 더욱 거룩해진다. 사랑하는 감정이 마음과 영혼에 굳게 자리잡는 만큼 우리는 더욱 사랑하게 된다. 하나님으로 인한 믿음과 소망의 감정이 더욱 굳게 자리잡는 만큼 우리는 더욱 담대하게 순종함으로 나아가게 된다.

그래서 행함이 없는 믿음은 죽은 믿음인 것이다. 그래서 주여 주여 하기만 하고 주의 뜻대로 행하지 않는 자는 위선적인 신앙인, 거짓 신앙인인 것이다. 그러므로 이와 같은 신앙적인 감정들을 무시하는 태도는 사람들의 마음을 굳게 하고 위선적인 신앙 속에 머물러 있도록 조장하며, 이 땅에서 사는 동안 영적으로 죽어 있다가 끝

내 영원한 죽음에 이르게 되는 극히 위험한 태도다.

²⁴ 내가 너희를 여러 나라 가운데에서 인도하여 내고 여러 민족 가운데에서 모아 데리고 고국 땅에 들어가서 ²⁵ 맑은 물을 너희에게 뿌려서 너희로 정결하게 하되 곧 너희 모든 더러운 것에서와 모든 우상 숭배에서 너희를 정결하게 할 것이며 ²⁶ 또 새 영을 너희 속에 두고 새 마음을 너희에게 주되 너희 육신에서 굳은 마음을 제거하고 부드러운 마음을 줄 것이며 ²⁷ 또 내 영을 너희 속에 두어 너희로 내 율례를 행하게 하리니 너희가 내 규례를 지켜 행할지라 ²⁸ 내가 너희 조상들에게 준 땅에서 너희가 거주하면서 내 백성이 되고 나는 너희 하나님이 되리라(겔 36:24-28).

Part 4

권위 잃은
교회에
십자가를
세운다는 것

chapter 10

교회는 그리스도의 생명입니다

_ 엡 1:17-23

오늘날 교회의 연약함의 근저에는 '하나님에 대한 무지'가 있다. 하나님을 믿지만 잘 모른다. 하나님을 부인하지는 않지만 그렇다고 제대로 알고 있는 것도 아니다. 이것이 오늘날 교회가 교회다움을 잃어버린 가장 핵심적인 이유다.

> 우리 주 예수 그리스도의 하나님, 영광의 아버지께서 지혜와 계시의 영을 너희에게 주사 하나님을 알게 하시고(엡 1:17).

바울은 에베소 교회 성도들이 하나님을 알게 되기를 기도하고 있다. 이것이 우리가 교회와 성도들을 위해 기도해야 할 가장 첫 번째 기도 제목이다.

성도에게 절실하게 필요한 것은 하나님을 제대로 아는 것이다.

그것이 교회가 교회다움을 회복하여 세상의 소금과 빛이 되는 길이다.

사실 '믿음'과 '지식'은 불가분의 관계에 있다. 우리가 하나님을 아는 만큼 하나님을 신뢰하게 되고, 하나님에 대해서 잘 모르는 만큼 하나님을 불신하게 되어 있다. 그래서 하나님의 지혜의 깊이, 사랑의 너비, 능력의 높이를 알면 알수록 우리의 믿음은 더욱 깊어지고, 넓어지고, 높아지게 되는 것이다. 그때 우리는 더욱 깊은 평안과 넓은 기쁨과 높은 능력을 누리게 되는 것이다. 그래서 바울은 에베소 교회 성도들을 위해 기도할 때 다른 것은 다 제쳐 놓고 오직 하나, 그들이 하나님을 더욱 잘 알게 되기를 기도하고 있는 것이다.

그렇다면, 우리는 하나님을 어떻게 알 수 있는가? 하나님을 아는 길은 오직 하나다. 하나님이 지혜와 계시의 영, 진리의 영, 즉 성령 하나님을 보내 주셔서 우리 마음의 눈을 밝혀 주시는 것이다. 우리는 하나님을 더욱 알기 위해 성령 하나님을 구해야 한다.

그렇다면 좀 더 구체적으로, 우리는 하나님에 대해 무엇을 더욱 알아야 하는가?

교회는 그리스도의 생명으로 충만하다

첫째, 하나님의 부르심 안에 소망이 있다는 사실을 더욱 알아야 한다.

¹⁸ 너희 마음의 눈을 밝히사 그의 부르심의 소망이 무엇이며 성도 안에서 그 기업의 영광의 풍성함이 무엇이며 ¹⁹ 그의 힘의 위력으로 역사하심을 따라 믿는 우리에게 베푸신 능력의 지극히 크심이 어떠한 것을 너희로 알게 하시기를 구하노라(엡 1:18-19).

하나님은 우리를 하나님의 백성, 자녀로 부르셨다. 즉 성도로, 교회로 부르셨다. 그와 같은 부르심 안에 우리의 소망이 있다는 것이다. 재물이나 건강에 소망이 있는 것이 아니다. 내가 그리스도인이라는 것 자체가, 내가 교회의 지체라는 사실 자체가 내 안에 엄청난 소망이 있음을 의미한다는 것이다. 당신은 그리스도인인가? 교회의 지체인가? 그렇다면 당신 안에는 엄청난 소망이 있다. 지금 바울은 에베소 성도에게 그 소망을 볼 수 있는 눈이 열리기를 기도하고 있다.

둘째, 성도에게 약속된 기업의 영광이 풍성함을 더욱 알아야 한다.

¹⁶ 성령이 친히 우리의 영과 더불어 우리가 하나님의 자녀인 것을 증언하시나니 ¹⁷ 자녀이면 또한 상속자 곧 하나님의 상속자요 그리스도와 함께 한 상속자니 우리가 그와 함께 영광을 받기 위하여 고난도 함께 받아야 할 것이니라(롬 8:16-17).

셋째, 우리에게 베푸신 하나님의 능력이 얼마나 크신지 더욱 알

그리스도인으로 잘 사는 법

아야 한다.

하나님이 죄인 된 우리를 자녀로 부르시고, 장차 풍성한 영광을
유업으로 얻게 하심은 지극히 크고 위대하신 능력으로 이뤄진 일이
라는 것이다. 하나님의 능력 없이 우리는 결코 그리스도인이 될 수
도, 교회가 될 수도 없다. 그래서 우리의 부르심 안에는 소망과 능
력이 있는 것이다.

바울은 그 능력이 어떤 것인지에 대한 설명을 계속해서 이어
간다.

20 그의 능력이 그리스도 안에서 역사하사 죽은 자들 가운데서 다시 살리
시고 하늘에서 자기의 오른편에 앉히사 21 모든 통치와 권세와 능력과 주
권과 이 세상뿐 아니라 오는 세상에 일컫는 모든 이름 위에 뛰어나게 하시
고 22 또 만물을 그의 발 아래에 복종하게 하시고 그를 만물 위에 교회의 머
리로 삼으셨느니라(엡 1:20-22).

하나님의 능력은 첫째, 그리스도를 죽은 자들 가운데서 살리신
것이고, 둘째, 그리스도를 하늘 하나님의 오른편에 앉히사 모든 통
치와 권세와 능력과 주권이 있게 하시고, 모든 이름 위에 뛰어나게

하심으로 만물을 그의 발 아래에 복종하게 하신 것이다. 그런데 여기서 참으로 놀라운 사실은 하나님이 예수 그리스도를 '교회의 머리'로 삼으셨다는 것이다. 그리고 교회를 '예수 그리스도의 몸'으로 삼으셨다.

> 교회는 그의 몸이니 만물 안에서 만물을 충만하게 하시는 이의 충만함이 니라(엡 1:23).

이것은 하나님의 능력이 우리 안에서 역사하는 방식을 말한다. 하나님은 이 땅에 교회를 세우시고, 예수 그리스도를 교회의 머리가 되게 하셨다. 그리고 그 교회가 그리스도의 몸이 되게 하심으로 하나님의 크고 위대하신 능력이 그리스도의 몸 된 교회 안에 흘러 들어가게 하신 것이다.

그래서 바울은 에베소 교회 성도가 '더 많은 능력을 가질 수 있도록'이 아니라, 이미 그들 안에 존재하고 있는 하나님의 능력이 얼마나 크고 위대한지를 깨달아 알게 되도록, 또한 그 능력이 정확히 어떤 방식으로 우리 안에서 역사하게 되는지 알기를 위해 기도하는 것이다. 한마디로, 교회란 무엇인지를 모든 성도가 알기 위해 기도하고 있는 것이다. 하나님의 지극히 크고 위대하신 능력은 바로 이 교회를 통하여 우리의 삶에, 가정에, 나라와 열방에 부어질 수 있기 때문이다.

바울은 이것을 더 쉽게 이해할 수 있도록 교회를 그리스도의 '몸'

에 비유해 설명하고 있다. 첫째, 교회가 그리스도의 몸이라는 사실은 우리가 그리스도와 '연합'해 하나가 되었다는 사실을 의미한다. 마태복음 8장에 보면 예수님과 제자들이 한 배를 타고 호수를 건너간다. 그런데 마침 큰 폭풍이 일어나 배 안으로 파도가 들이치기 시작했다. 그때 예수님은 배 한 켠에서 주무시고 계셨다. 겁에 질린 제자들은 예수님을 급하게 흔들어 깨우기 시작했다.

"주님, 살려 주십시오. 우리가 빠져 죽게 되었습니다."

예수님은 제자들에게 이렇게 말씀하셨다.

"너희가 어찌하여 무서워하느냐? 믿음이 작은 자들아."

그러고는 일어나셔서 바람과 파도를 꾸짖으시니 순간 잔잔하게 되었다고 기록하고 있다.

제자들이 작은 믿음을 가지고 있었던 이유가 무엇인가? 그리스도와 한 배를 타고 있다는 사실을 망각하고 있었기 때문이다. 예수님의 책망에는 이런 의미가 담겨 있다.

"내가 너와 한 배를 타고 있다는 사실을 모르느냐? 그런데도 이 배가 뒤집히겠느냐? 내가 너와 한 몸이라는 사실을 모르느냐? 네 몸이 물에 잠기도록 내가 내버려 둘 것 같으냐? 어떤 풍랑이 불어와도 내가 너와 한 몸이라는 사실, 너와 내가 한 배를 타고 있다는 사실을 잊지 말아라. 너와 나는 한 몸이다."

둘째, 교회가 그리스도의 몸이라는 사실은 그리스도가 '교회의 머리'라는 의미다. 몸의 모든 생명과 활력은 머리로부터 흘러나온다. 우리의 몸 가운데 신경이나 중추신경계에 의해 조정되지 않는

부분은 하나도 없다. 그리고 모든 신경은 궁극적으로 우리의 뇌와 연결되어 있다. 뇌가 온몸의 모든 신경과 신경의 에너지를 조정하는 원천이며 중심이다. 그래서 머리가 없는 몸에는 어떤 생명도, 힘과 에너지도 존재할 수 없다. 한마디로, 그 몸의 생명은 머리에 달려 있는 것이다.

바울은 바로 이 사실을 에베소 교회 성도들에게 강조하여 설명해 주고 있다. 그리스도를 떠나서 우리는 어떤 생명도 가질 수 없다. 우리의 모든 힘과 능력은 머리 되신 예수 그리스도로부터만 나온다. 그는 포도나무요 우리는 가지다. 가지는 포도나무를 떠나서는 존재할 수 없다. 그리스도께서 교회의 머리라는 말씀이 바로 그런 의미다.

셋째, 교회가 그리스도의 몸이라는 사실은 온몸의 각 지체, 각 부분마다 그리스도의 생명이 발견된다는 의미다. 에베소서 1장 23절 말씀은 그리스도가 자신의 생명으로 그리스도의 몸 된 교회를 충만케 하신다는 말씀이다. 즉 교회 각 지체마다, 그 지체가 크든 작든, 볼품이 있든 없든, 강하든 약하든 동일하게 충만한 그리스도의 생명이 존재하고 있다는 말이다. 내 몸을 예로 들어 보자. 내 몸은 각 부분이 내 생명으로 충만하다. 손가락 안에, 발가락 안에, 심장에, 폐에 그 어디에든 내 생명이 존재한다. 작은 기관이라고 생명이 조금만 있는 것이 아니다. 온 몸 각 지체에 동일하고 충만하게 존재하는 것이다. 교회도 그와 같다. 교회를 이루는 각 지체마다 그리스도의 능력이, 지혜가, 권세가 충만하게 깃들어 있다. 죽음을 이

그리스도인으로 잘 사는 법

기고 살아나신 생명이 동일하고 충만하게 임하고 있다.

그러므로 사탄이 우리에게 인생의 난제로 절망에 빠지게 할 때, 연약함으로 탄식하게 할 때, 사납고 교활하게 우리를 공격할 때 모든 이름과 권세 위에 뛰어난 분, 예수 그리스도의 권능들과 은혜가 우리 안에 충만하게 존재하고 있음을 인식해야 한다. 그리고 이렇게 말해야 한다.

"나는 매우 작고 연약한 가지와 같은 존재다. 그러나 그리스도가 내 머리요, 나는 그리스도의 지체다. 나는 그 머리의 중추신경과 연결되어 있다. 머리 되신 그리스도의 충만한 생명과 권능이 내 안에도 동일하고 충만하게 존재하고 있다."

그 권능을 사용함으로써 마치 근육 훈련을 하듯 연마해야 한다. 바울은 에베소 교회 성도들이 바로 이 점을 이해할 수 있도록 기도하고 있는 것이다.

교회는 하나님의 말씀을 선포해야 한다

하나님이 교회를 어떤 기관이나 조직이 아니라, 예수 그리스도의 몸으로 세우신 이유는 무엇일까? 사실 예수님이 하신 일들 중 가장 이해하기 어려운 부분이 있다. 죽음을 이기신 예수님이 승천하신 일이다. 예수님이 이 땅에서 우리와 함께 머무르셨다면 얼마나 좋았을까? 그러나 주님은 승천하셔서 하나님 보좌 우편에 앉아계신다. 왜일까?

9 올라가셨다 하였은즉 땅 아래 낮은 곳으로 내리셨던 것이 아니면 무엇이냐 10 내리셨던 그가 곧 모든 하늘 위에 오르신 자니 이는 만물을 충만하게 하려 하심이라(엡 4:9-10).

바울은 그 이유에 대해 "만물을 충만하게" 하시기 위해서라고 설명하고 있다. 그리스도 안에 충만한 생명과 기쁨과 권능과 평강과 소망이 그리스도의 몸 된 교회 안에 충만하게 하실 뿐 아니라, 이제는 그 교회를 통하여, 그리스도의 몸 된 교회를 통하여 온 만물 안에 충만하게 하시기 위함이라는 것이다.

이 설명에 따르면 엄밀하게 말해 부활하신 그리스도의 몸이 여전히 이 땅에 머물러 계신 것이다. 바로 '교회'의 옷을 입고 말이다. 성령으로 말미암아 아기 예수가 잉태되었듯이, 오순절 다락방에 임하신 성령의 강림으로 말미암아 그리스도의 몸인 교회가 이 세상 가운데 태어난 것이다. 그리고 교회를 가득 채웠던 그리스도의 생명과 능력이 이제는 세상 만물을 충만하게 채우기를 원하신다. 바꿔 말해서, 이 세상 가운데 하나님의 나라와 통치를 이뤄 가기를 원하신다. 그리고 그 일을 그리스도의 몸, 교회를 통하여 이뤄 가기를 원하신다. 그것이 하나님이 주권으로 선택하신 방법이다. 그래서 하나님은 교회에게 이 세상을 지배하고 있는 음부의 권세를 다스릴 수 있는 천국의 열쇠를 주신 것이다. 그래서 예수님이 교회를 세상의 소금이요 빛이라고 부르신 것이다.

그렇다면, 하나님은 어떤 방식으로 그리스도의 몸 된 교회를 통

그리스도인으로 잘 사는 법

하여 온 세상 만물을 그리스도의 생명과 권능으로 충만하게 하시는가? 교회 안에 세워진 '직분'들을 통해서 그 일을 이뤄 가신다.

> [11] 그가 어떤 사람은 사도로, 어떤 사람은 선지자로, 어떤 사람은 복음
> 전하는 자로, 어떤 사람은 목사와 교사로 삼으셨으니 [12] 이는 성도를 온
> 전하게 하여 봉사의 일을 하게 하며 그리스도의 몸을 세우려 하심이라
> (엡 4:11-12).

만물을 충만하게 하시는 그리스도의 사역은 교회의 직분자를 통해서 이뤄진다. 즉 그리스도가 직분자를 통해 교회를 다스리시고, 교회를 통해 세상을 다스리는 것이다. 그래서 에베소서 1장에서는 그리스도의 다스리심이 교회를 통해서 드러난다고 가르치고, 4장에서는 그리스도의 다스리심이 구체적으로 교회 안의 은사와 직분을 통해서 실현된다고 가르치고 있다.

여러 직분 중에서도 가장 중요한 것은 하나님의 말씀을 선포하고 가르치는 직분이다. 지금으로 치면 '목사직'이다. 물론 목사만이 하나님의 말씀을 대언하거나 가르칠 수 있는 것은 아니다. 중요한 것은 하나님이 세우신 목사 직분의 가장 본질적인 사명은 바로 하나님의 말씀을 선포하는 일이라는 것이다. 하나님의 말씀을 대언하는 목사가 없는 교회는 있을 수 없다. 그리고 하나님의 말씀을 온전히 선포하지 않는 교회는 교회라 할 수 없다.

초대 교회 안에서 헬라파 유대인들과 히브리파 유대인들 사이에

구제 사역 문제로 갈등이 일어났을 때 열두 사도는 모든 제자를 불러 놓고 "우리가 하나님의 말씀을 제쳐 놓고 접대를 일삼는 것이 마땅하지 않다"라고 말하며 성령과 지혜가 충만한 자들에게 구제 사역을 위임했다. 그리고 사도들은 오로지 기도와 말씀 사역에 힘썼다고 기록한다. 그때 하나님의 말씀은 점점 왕성하여 예루살렘에 있는 제자의 수가 심히 많아지고 허다한 제사장의 무리도 이 도에 복종하는 역사가 일어나게 되었다. 성령 하나님은 말씀 선포를 통해 만물을 통치해 가신다.

> 너희 중에 여호와를 경외하며 그의 종의 목소리를 청종하는 자가 누구냐 흑암 중에 행하여 빛이 없는 자라도 여호와의 이름을 의뢰하며 자기 하나님께 의지할지어다(사 50:10).

이 땅에 하나님의 생명과 권능은 하나님의 종의 목소리를 통해서 점점 더 충만해져 간다. 그리스도께서 오시는 길은 광야에 외치는 세례 요한의 소리를 통해서 예비되었다. 소리가 길을 예비했다. "빛이 있으라"는 소리가 빛을 존재하게 만들었다. 하나님의 소리가 이 세상에 하나님의 생명과 권능을 점점 더 충만하게 채워 가시고 하나님의 통치를 이뤄 가신다. 그런데 그 하나님의 소리가 어떤 방식으로 이 세상에 울려 퍼지는가? 종의 목소리를 통해서다.

우리가 반드시 기억해야 할 사실이 있다. 하나님의 말씀을 대언하는 직분이 너무나 중요하지만, 그만큼 중요한 것이 종의 목소리를 청종하는 사람들이다. 구약 시대의 이스라엘이 안고 있었던 문제의 본질은 하나님의 말씀을 대언하는 종이 없었던 것이 아니다. 시대마다 하나님은 종들을 보내셔서 대언하게 하셨다. 문제는 종의 목소리를 청종하는 사람들이 없었던 것이다. 그래서 결국 북이스라엘도, 남유다도 망했다. 신약 시대도 마찬가지다. 말씀이 육신이 되어서 우리 가운데 오셨는데, 그 말씀으로 오신 육신을 십자가에 못 박아 죽이지 않았는가? 그뿐인가? 스데반이 하나님의 말씀을 전하니까 돌로 쳐서 죽였고, 바울이 세계 곳곳을 누비며 전도하니까 채찍으로 때리고 감옥에 가두었다. 베드로는 십자가에 거꾸로 매달려 죽임을 당하고, 바울은 참수형을 당했다.

설교자가 진실하게 하나님의 말씀을 선포할 때 성도들은 그 말씀을 하나님의 말씀으로 여기며 주의해서 들어야 한다. 아울러 설교자는 어디까지나 교회의 머리 되신 그리스도로부터 주어진 파생적인 권위를 가진 것이므로 반드시 하나님의 말씀을 대언해야 한다. 그래서 성도들은 설교자를 위해 기도를 많이 해야 한다.

우리가 이 땅에 무너진 성전을 다시 재건하여 부흥의 역사를 재개하기 위해서는 이와 같은 성전의 가장 기초적인 초석부터 튼튼하게 세워 가야 한다. 그것이 슬기로운 신앙생활의 핵심이다.

chapter 11

부활하신 그리스도의 몸을 입으십시오

_ 히 1:1-3

우리의 마음에 소원이 있듯이 하나님의 마음에도 소원이 있다. 하나님의 소원은 무엇일까? 그것은 모든 사람이 하나님의 심판으로부터 구원을 받는 것이다.

> 4 하나님은 모든 사람이 구원을 받으며 진리를 아는 데에 이르기를 원하시느니라 5 하나님은 한 분이시요 또 하나님과 사람 사이에 중보자도 한 분이시니 곧 사람이신 그리스도 예수라(딤전 2:4-5).

사람이 구원을 받으려면 반드시 '구원에 이르게 하는 진리'를 알아야 한다. 그래서 하나님은 이 땅의 모든 사람이 이 '진리'를 알기 원하신다.

하나님의 이와 같은 소원은 구체적인 그분의 행동으로 나타났다. 하나님과 사람 사이에 '중보자'를 세우신 일이다. 중보자는 누구신가? 오직 한 분, 사람으로 오신 하나님의 본체, 예수 그리스도다.

그렇다면, 예수 그리스도는 누구신가? '그리스도'란 말은 '기름부음을 받은 자'라는 뜻이다. 구약 시대에 하나님의 기름부음을 받았던 직분은 크게 세 가지였다. 선지자, 제사장, 왕이다. 그러므로 그리스도께서 '기름부음 받은 중보자'라는 말씀은 바로 이 세 가지 직분의 사명을 감당하기 위해서 하나님이 보내신 분이라는 의미다. 우리는 이 세 가지 직분에 관해 알아야 한다. 그것이 곧 하나님이 우리가 알기 원하시는 진리다.

선지자 그리스도

구약에서 선지자는 하나님과 이스라엘 백성들 사이에 서서 하나님의 말씀을 이스라엘 백성들에게 전달하는 대언자, 메신저의 사명을 감당하는 사람이었다. 우리에게 이와 같은 선지자가 필요한 이유는 '인간의 무지함' 때문이다.

[1] 어리석은 자는 그의 마음에 이르기를 하나님이 없다 하도다 그들은 부패하며 가증한 악을 행함이여 선을 행하는 자가 없도다 [2] 하나님이 하늘에서 인생을 굽어살피사 지각이 있는 자와 하나님을 찾는 자가 있는가 보려 하신즉 [3] 각기 물러가 함께 더러운 자가 되고 선을 행하는 자 없으니 한 사람도 없도다 [4] 죄악을 행하는 자들은 무지하냐 그들이 떡 먹듯이 내 백성을

먹으면서 하나님을 부르지 아니하는도다(시 53:1-4).

모든 인간은 가장 먼저 '하나님에 대한 무지함' '죄에 대한 무지함' '하나님의 진노와 심판에 대한 무지함'에서 깨어나야 한다. 그것을 위해 하나님으로부터 보냄을 받은 선지자가 바로 예수 그리스도다.

그런데 예수님은 구약의 선지자와 근본적인 차이점이 있었다. 구약의 선지자들은 하나님의 말씀을 전달하는 대언자였지만, 예수 그리스도는 '하나님의 말씀' 그 자체였다. 이것은 그리스도는 곧 '하나님의 본체'시라는 의미다.

> 이는 하나님의 영광의 광채시요 그 본체의 형상이시라 그의 능력의 말씀으로 만물을 붙드시며 죄를 정결하게 하는 일을 하시고 높은 곳에 계신 지극히 크신 이의 우편에 앉으셨느니라(히 1:3).
> 태초에 말씀이 계시니라 이 말씀이 하나님과 함께 계셨으니 이 말씀은 곧 하나님이시니라(요 1:1).

하나님이 모든 사람을 구원하시기 위해 행하신 일은 사람의 모습으로 우리 가운데 오신 것이다. 하나님이 이와 같은 행동을 하게 만든 것은 바로 우리를 구원하고자 하시는, 그분 마음에 불붙어 있는 소원 때문이다. 만약에 자녀가 물에 빠져서 허우적거리고 있다면 뛰어들지 않을 부모가 있겠는가? 차라리 물에 들어가 같이 죽으면 죽었지, 물 밖에서 쳐다보고만 있을 부모는 없다. 하나님의 성육신에는 바로 이와 같은 하나님의 간절함이 있다. 그러므로 우리는 하나님의 성육신을 머리로 이해하지 말고 가슴으로 이해해야 한다.

그렇다면, 하나님의 본체가 세상 속에 뛰어들어 오셔서 모든 사람을 구원하시기 위해 외치신 진리의 말씀은 무엇인가? '나를 믿으라'는 것이다. 바리새인 중 니고데모라고 하는 한 유대인의 지도자가 예수님을 찾아왔다. 그리고 거듭남에 대하여 묻는다. 사람이 늙으면 다시 모태에 들어갔다 나올 수 있느냐는 것이다. 본능과 이성에 갇혀 있는 사람의 전형적인 질문이다. 그런 그에게 예수님은 거듭나는 방법을 말씀하신다.

> 5 예수께서 대답하시되 진실로 진실로 네게 이르노니 사람이 물과 성령으로 나지 아니하면 하나님의 나라에 들어갈 수 없느니라 6 육으로 난 것은 육이요 영으로 난 것은 영이니 7 내가 네게 거듭나야 하겠다 하는 말을 놀랍게 여기지 말라(요 3:5-7).

다시 태어나야 한다는 말씀은 우리의 육이 아니라 영이 다시 태어나야 한다는 말씀이다. 그러지 않으면 하나님의 나라에 들어갈 수 없다. 니고데모가 다시 질문한다.

"어떻게 그런 일이 일어날 수가 있습니까? 어떻게 하면 그런 일이 나의 영혼 가운데에서도 일어날 수 있습니까?"

> 10 예수께서 그에게 대답하여 이르시되 너는 이스라엘의 선생으로서 이러

한 것들을 알지 못하느냐 ^{11} 진실로 진실로 네게 이르노니 우리는 아는 것

을 말하고 본 것을 증언하노라 그러나 너희가 우리의 증언을 받지 아니하

는도다 ^{12} 내가 땅의 일을 말하여도 너희가 믿지 아니하거든 하물며 하늘

의 일을 말하면 어떻게 믿겠느냐(요 3:10-12).

니고데모가 아직 거듭나지 못한 이유가 있다. 그 이유는 땅에서

일어난 "우리의 증언"을 아직 받아들이지 않고 있기 때문이다. 어떤

증언인가? 그것은 바로 '예수 그리스도는 누구신가'에 관한 증언이

다. 예수님은 이 땅에서 너무나 많은 일을 통하여 예수는 그리스도

시요 살아 계신 하나님의 아들임을 입증해 보이셨다.

그럼에도 불구하고 니고데모와 같은 회당의 지도자들과 바리새

인들은 그 증언을 통해 분명하게 계시된 '그리스도는 누구신가'에

대한 증언을 받아들이기를 거부하고 있었다. 그것이 바로 니고데모

가 아직 영적으로 거듭나지 못한 핵심적인 이유다.

혹시 아직도 니고데모와 같은 사람이 있다면, 이 땅에서 일어난

예수 그리스도에 관한 증언을 받아들여야 한다. 예수는 그리스도시

요 살아 계신 하나님의 아들임을 믿음으로 받아들여야 한다.

^{16} 하나님이 세상을 이처럼 사랑하사 독생자를 주셨으니 이는 그를 믿는

자마다 멸망하지 않고 영생을 얻게 하려 하심이라 ^{17} 하나님이 그 아들을

세상에 보내신 것은 세상을 심판하려 하심이 아니요 그로 말미암아 세상

이 구원을 받게 하려 하심이라(요 3:16-17).

그리스도인으로 잘 사는 법

그렇다면, 예수 그리스도를 믿는다는 것은 구체적으로 무엇을 믿는 것인가? 그것을 알기 위 위해 우리는 그리스도의 두 번째 직분을 이해해야 한다.

제사장 그리스도

이는 하나님의 영광의 광채시요 그 본체의 형상이시라 그의 능력의 말씀으로 만물을 붙드시며 죄를 정결하게 하는 일을 하시고 높은 곳에 계신 지극히 크신 이의 우편에 앉으셨느니라(히 1:3).

하나님의 본체이신 그리스도께서 이 땅에 오신 이유는 바로 우리의 죄를 정결하게 하시기 위함이었다. 죄를 정결하게 하는 일은 대제사장이 감당하는 일이다. 성경은 예수 그리스도가 우리의 '대제사장'이라고 말씀하신다(히 4:14). 우리가 '예수 그리스도를 믿는다'는 것은 '예수 그리스도가 우리의 죄를 정결하게 하시는 대제사장이라는 사실을 믿는 것'이다. 이 말이 정확히 무슨 뜻인지를 알기 위해서는 구약의 제사장이 감당했던 사명이 무엇인지를 알아야 한다.

대제사장은 '사람의 구원을 위한 하나님의 일'을 위해서 하나님의 택함을 받은 사람이다(히 5:1). 다시 말해 대제사장의 역할은 예물과 속죄하는 제사를 드리는 일이다. '예물'은 무엇이고, '속죄하는 제사'란 또 무엇인가? 성경은 "피흘림이 없은즉 사함이 없느니라"(히 9:22)고 말씀한다. 이 말씀은 죄 사함을 받기 위해서는 죄인 스스로가 피를 흘리는 것 외에는 다른 방법이 없다는 의미다. 사실상 이것은 죄인에 대한 심판이다. 이와 같은 방식은 하나님의 진노를 누그러뜨리는 데는 도움이 될지 모르지만, 죄인 된 우리에게는 아무런 유익이 없다. 그리고 이는 모든 사람을 구원하고자 하시는 하나님의 소원과 배치된다.

그래서 하나님은 당신의 거룩성을 보존하기 위해 죄를 심판하시면서도, 동시에 모든 죄인이 구원받을 수 있는 방법을 마련해 주셨다. 거룩하신 하나님과 거룩하지 않은 죄인 모두를 만족할 수 있는 죄사함 방법, 그것이 모세에게 명령하신 '제사법'이다.

> 2 … 너희 중에 누구든지 여호와께 예물을 드리려거든 가축 중에서 소나 양으로 예물을 드릴지니라 3 그 예물이 소의 번제이면 흠 없는 수컷으로 회막 문에서 여호와 앞에 기쁘게 받으시도록 드릴지니라 4 그는 번제물의 머리에 안수할지니 그를 위하여 기쁘게 받으심이 되어 그를 위하여 속죄가 될 것이라(레 1:2-4).

이 제사법의 핵심적인 요소 두 가지는 '예물'과 '속죄'다. 4절에서 예물(제물)의 머리에 안수하는 행위는 죄를 예물인 짐승에게 전가한다는 의미다. 그리고 그 짐승을 죽여 피를 흘리게 함으로써 죄인의 죗값을 대신 치르게 하는 것이다. 그것을 '속죄'라고 부른다. 이로써 하나님의 '심판의 필요성'과 죄인의 '구원의 필요성'을 동시에 만족시켰다. 이 모든 일을 집행하던 사람이 바로 대제사장이었다.

그리스도인으로 잘 사는 법

하나님이 예수 그리스도를 우리 가운데 보내신 것은 바로 이와 같은 대제사장의 직분을 감당하게 하시기 위함이었다. 그런데 예수 그리스도와 구약의 제사장 사이에는 아주 중요한 차이가 하나 있다. 제사장은 동물을 제물로 삼아 이스라엘 백성들의 죄를 속죄하였지만, 예수 그리스도는 자기 자신을 제물로 삼아 모든 인류의 죄를 속죄하셨다는 점이다. 즉 예수 그리스도는 '제사장'인 동시에 우리의 죄를 대속하기 위해 오신 '제물'이셨다.

이튿날 요한이 예수께서 자기에게 나아오심을 보고 이르되 보라 세상 죄를 지고 가는 하나님의 어린 양이로다(요 1:29).
그는 우리 죄를 위한 화목 제물이니 우리만 위할 뿐 아니요 온 세상의 죄를 위하심이라(요일 2:2).

여기서 우리가 반드시 알아야 사실이 하나 있다. 예수 그리스도께서 우리 죄를 대속하시기 위하여 십자가에서 죽으신 순간, 우리의 모든 죄가 속죄함을 받게 되었다는 것이다. 그뿐 아니라 그 순간 놀라운 우주적인 변화가 동시에 일어났다. 그것은 바로 예수 그리스도께서 사탄을 이기셨다는 사실이다. 우리 죄를 대속해 주신 '십자가 제사'가 사탄을 멸하시는 '승리의 제사'였던 것이다. 십자가 제사로 세상 임금 노릇하던 사탄은 비참하게 패배했다. 사탄의 사망과 저주 아래 살아가던 모든 죄인이 자유케 되었다. 그래서 우리가 십자가 앞에서 울기도 하지만, 궁극적으로는 기뻐할 수 있는 것이다. 십자가를 노래하는 것이다. 십자가는 사탄의 권세를 이기는 승리의 십자가이기 때문이다.

따라서 그리스도의 보혈의 피에는 우리의 죄를 대속하시는 죄 사함의 권세뿐만 아니라, 우리를 지배하던 사탄을 이기는 권세가 있다. 그리고 그와 같은 승리를 입증해 주신 사건이 바로 '그리스도의 부활'이다. 그리스도의 부활은 예수님이 십자가에서 행하신 일의 열매다. 즉 십자가 사건이 담고 있는 의미가 무엇인지, 이 사건을 통해 그리스도께서 무엇을 성취하셨는지 입증해 준다.

왕이신 그리스도

하나님의 구원받은 백성들에게 놀라운 사건이 일어났다. 바로 성령이 임재하신 것이다. 성령이 누구신가?

> 예수를 죽은 자 가운데서 살리신 이의 영이 너희 안에 거하시면 그리스도
> 예수를 죽은 자 가운데서 살리신 이가 너희 안에 거하시는 그의 영으로 말
> 미암아 너희 죽을 몸도 살리시리라(롬 8:11).

성령은 예수를 죽은 자 가운데서 다시 살리신 부활의 영이다. 그 부활의 영이 우리 가운데 거하게 되었고, 우리도 그리스도와 같이 죄와 사망을 이기신 '부활의 몸'을 입게 되었다. 하나님은 이와 같은 백성들을 '교회'라고 부르셨고, 이 교회를 '그리스도의 몸'이라고 말

씀하고 계신 것이다.

교회는 부활하신 그리스도의 몸으로서 감당해야 할 사명이 있다. 그리스도께서 이 땅에서 행하셨던 세 가지 직분을 이어받아 주님 다시 오시는 그날까지 감당하는 것이다. 하나님의 마음에 불붙어 있는 소원과 같은 소원, 즉 모든 사람이 구원받기 원하는 소원으로 뜨거워야 한다. 그것을 위해 우리는 그리스도의 복음을 증언하는 '선지자'의 사명을 감당하는 교회, '대제사장'의 사명을 감당하는 교회가 되어야 한다. 이스라엘 백성들의 죄를 위해 중보자로 섰던 모세처럼, 다니엘처럼, 느헤미야처럼, 바울처럼 우리도 이 나라 이 민족의 죄를 위해 하나님과 민족 사이의 중보자로 서야 한다. 동시에 우리의 몸을 하나님이 기뻐 받으시는 산 제물로 드려야 한다. 즉 순종해야 한다. 그때 왕의 직분을 받게 된다.

교회는 성자 예수님의 몸이다. 부활하신 그리스도의 몸은 십자가를 통과하지 않고는 입을 수 없는 몸이다. '주여 주여' 한다고 입을 수 있는 몸이 아니다. 주의 뜻대로 행할 때 우리는 죽음의 권세를 이기신 부활하신 그리스도의 몸을 입을 수 있게 되는 것이다. 그리스도는 모든 그리스도인에게 성령을 부어 주셔서 세 가지 직분을 감당하는 지체가 되게 하셨다. 그러므로 우리는 이 땅의 모든 삶의 영역에서 제사장, 선지자, 왕의 직분을 행하며 살아야 한다. 우리는 이 사명을 감당하기 위해 세상으로 나아가는 것이다. 그때 그리스도께서 행하신 놀라운 구원과 승리의 역사가 우리에게 동일하게 성취될 것을 믿는다.

chapter 12

직분의 본질은 서열이 아니라 목양입니다

_ 행 20:17-38

교회는 그리스도의 몸이라는 '영적인 유기체'임과 동시에, 그리스도인들의 모임이라고 하는 '제도적인 공동체'이기도 하다. 따라서 모든 그리스도인에게는 제사장, 선지자, 왕이라고 하는 영적인 직분과 동시에 제도적인 직분이 주어진다. 이 직분들을 잘 감당함으로써 세상 가운데 하나님의 나라와 통치를 충만하게 채워 가는 것이다.

그런 의미에서 성경에서 가르쳐 주고 있는 제도적인 직분에는 어떤 것들이 있으며, 그 직분의 기능과 역할은 무엇인지에 대해 반드시 알아야 한다. 교회 안에서 이 직분이 왜곡되거나 변질될 때 교회는 영적 생명력을 잃어 갈 것이고, 교회는 그리스도의 몸 된 사명을 감당할 수 없게 될 것이다. 이 땅에 새로운 영적 각성과 부흥의 시대를 열기 위해서는 반드시 교회 안에 '성경적인 직분관'이 회복되어야만 한다.

장로는 교회를 돌보는 목자다

교회는 반드시 직분자들을 세워야 한다. 그러나 아무나 세워서는 안 된다. 그러느니 차라리 안 세우는 것이 옳다. 또한 직분자를 세웠다가도 적합하지 않다고 판단되거나, 그 직분을 충성되게 감당할 수 없는 상황에 처하면 내려놓게 하는 것이 옳다. 왜냐하면 직분은 교회의 생명과 같은 것이기 때문이다.

사도행전 20장은 에베소 교회 장로들을 향한 바울의 설교다. 신약 성경에서 '장로'로 번역한 헬라어 단어는 '프레스뷰테로스'다. 이 단어는 신약 성경에서 총 66번 등장하는데, 교회의 직분을 의미하는 '장로'로 사용된 경우는 19번에 불과하고 나머지는 '나이가 많은 사람들' 또는 '지역 공동체의 대표자들'을 의미하는 단어로 사용되었다. 특별히 신약 성경에는 교회 직분으로서의 '장로'와 동의어로 사용되는 단어가 하나 있는데, '감독'으로 번역된 '에피스코포스'라는 단어다. 성경은 교회를 다스리는 교회의 지도자들을 서로 구별하지 않고 감독, 장로, 목사, 목회자로 혼용하고 있다. 바울도 에베소 교회의 장로들을 향하여 목자들, 감독으로 혼용하여 부르고 있다.

그렇다면, 성경에서 말하는 장로, 감독의 역할과 사명은 무엇인가? 바로 양을 치는 '목자(목회자, 포이멘)'의 사명이다. 지금까지 장로의 역할에 대해서 많은 왜곡과 혼란이 있어 왔지만, 오늘과 같은 시대에 장로의 본질적 사명이 그리스도의 양 떼를 돌보고 먹이고 보호하도록 부르심을 받은 목자라는 사실을 이해해야 한다. 이것은 이 땅의 영적 부흥과 각성을 위한 본질적이고 필수적인 일 가운데 하나다.

> 17 잘 다스리는 장로들은 배나 존경할 자로 알되 말씀과 가르침에 수고하는 이들에게는 더욱 그리할 것이니라 18 성경에 일렀으되 곡식을 밟아 떠는 소의 입에 망을 씌우지 말라 하였고 또 일꾼이 그 삯을 받는 것은 마땅하다 하였느니라(딤전 5:17-18).

장로는 교회를 다스리는 직분이다. 교회를 잘 다스린다는 의미는 교회의 성도들을 잘 인도하는 자라는 의미다. 목자가 양 떼를 잘 인도한다는 것은 목양 사역을 잘한다는 의미다. 그렇다면, 목양을 잘하는 장로는 어떤 장로인가? "말씀과 가르침에 수고하는 이들"이다. 하나님의 말씀을 가르치는 일에 수고하고(말씀사역), 성도가 배운 말씀을 잘 실천하고 있는지를 잘 점검하며 권면하고 때로는 책망하며(권징과 돌봄), 하나님의 말씀에 잘 뿌리를 내리도록 인도하는 목자의 직분(목양사역)이 바로 장로다.

> 22 보라 이제 나는 성령에 매여 예루살렘으로 가는데 거기서 무슨 일을 당할지 알지 못하노라 23 오직 성령이 각 성에서 내게 증언하여 결박과 환

난이 나를 기다린다 하시나 ²⁴ 내가 달려갈 길과 주 예수께 받은 사명 곧 하나님의 은혜의 복음을 증언하는 일을 마치려 함에는 나의 생명조차 조금도 귀한 것으로 여기지 아니하노라 ²⁵ 보라 내가 여러분 중에 왕래하며 하나님의 나라를 전파하였으나 이제는 여러분이 다 내 얼굴을 다시 보지 못할 줄 아노라 ²⁶ 그러므로 오늘 여러분에게 증언하거니와 모든 사람의 피에 대하여 내가 깨끗하니 ²⁷ 이는 내가 꺼리지 않고 하나님의 뜻을 다 여러분에게 전하였음이라(행 20:22-27).

바울의 최우선의 관심사는 어떻게 해서라도 살아남는 것이 아니라 오히려 그의 갈 길을 끝까지 알리고 그리스도께서 주신 사명, 즉 하나님의 은혜의 복음을 증언하는 일을 마치는 것이었다. 바울은 말씀 사역과 목양 사역에 완전히 헌신된 장로의 모본을 보여 준다. 그러면서 바울은 에베소 교회의 장로들에게 마지막 당부를 한다.

여러분은 자기를 위하여 또는 온 양 떼를 위하여 삼가라 성령이 그들 가운데 여러분을 감독자로 삼고 하나님이 자기 피로 사신 교회를 보살피게 하셨느니라(행 20:28).

바울은 먼저 에베소 장로들이 자기 자신을 위해 조심하고, 그다음에 양 떼를 위해 조심할 것을 당부하고 있다. 장로들이 자신의 영혼을 돌보는 일을 소홀히 한다면 다른 사람들도 제대로 돌볼 수가 없기 때문이다. 장로들은 하나님의 교회를 잘 목양하기 위해 목자

된 자신들부터 잘 목양해야 한다.

> 29 내가 떠난 후에 사나운 이리가 여러분에게 들어와서 그 양 떼를 아끼지 아니하며 30 또한 여러분 중에서도 제자들을 끌어 자기를 따르게 하려고 어그러진 말을 하는 사람들이 일어날 줄을 내가 아노라 31 그러므로 여러분이 일깨어 내가 삼 년이나 밤낮 쉬지 않고 눈물로 각 사람을 훈계하던 것을 기억하라(행 20:29-31).

바울은 자기가 떠난 후에 이리 떼와 같은 거짓 선지자들이 하나님의 양 떼 가운데 들어와 그들을 유린할 것을 이미 내다보고 있었다. 특별히 그와 같은 이리 떼들은 교회 바깥에서뿐 아니라 교회 내부에서도 일어나게 될 것임을 분명하게 경고하고 있다. 그러므로 교회의 목자들은 항상 깨어 있어야 한다. 교회 안과 바깥에서 일어나는 일들, 들리는 소식들에 대해 파수꾼처럼 민감하게 깨어 있어야 한다.

바울은 에베소 장로들에게 깨어 있으라고 권고한 후에 계속해서 그들을 하나님과 그의 은혜로운 말씀에 부탁한다. 그러고나서 그들에게 다시 자신이 보인 모본을 상기시킨다.

> 32 지금 내가 여러분을 주와 및 그 은혜의 말씀에 부탁하노니 그 말씀이 여러분을 능히 든든히 세우사 거룩하게 하심을 입은 모든 자 가운데 기업이 있게 하시리라 33 내가 아무의 은이나 금이나 의복을 탐하지 아니하였고

그리스도인으로 잘 사는 법

³⁴ 여러분이 아는 바와 같이 이 손으로 나와 내 동행들이 쓰는 것을 충당하여 ³⁵ 범사에 여러분에게 모본을 보여준 바와 같이 수고하여 약한 사람들을 돕고 또 주 예수께서 친히 말씀하신 바 주는 것이 받는 것보다 복이 있다 하심을 기억하여야 할지니라(행 20:32-35).

장로에게 맡겨진 교회에 대한 목회적 감독이 궁극적으로는 하나님 자신께 속한 것이라는 진리가 암시되어 있다. 삼위 하나님은 이 감독의 일을 함께 주관하고 계신다. 즉 교회는 하나님의 것이다. 그리스도의 피로 값을 치르셨다. 따라서 목자는 성령이 임명하신다. 그러므로 목자는 교회가 자기 소유가 아니라 하나님의 것임을 겸손하게 상기해야 할 것이다.

이것을 이해하는 것이 매우 중요하다. 왜냐하면 양이란 동물은 우리가 생각하는 것처럼 깨끗하고 귀여운 짐승이 아니기 때문이다. 사실 양들은 더럽고 불쾌한 해충의 피해를 입기 쉬우며 정기적으로 이나 진드기, 벌레들을 제거하기 위해 강한 약물에 담가 씻겨야 한다. 또한 양들은 우둔하고 제멋대로이며 고집이 세다. 나는 그 비유를 너무 직접적으로 적용해서 하나님의 백성은 더럽고 이투성이며 어리석다고 말하고 싶지는 않다. 그러나 어떤 사람들은 목자에게 커다란 골칫거리이다. (물론 어떤 목자는 양 떼에게 큰 골칫거리이기도 하다.) 따라서 목자들은 하나님이 보시기에 양 떼가 얼마나 귀중한 존재인가를 기억할 때만 끈기 있게 그들을 돌볼 수 있다. 그들은 성부 하나님의 소유다. 성자 하나님의 귀중한 피로 사신 바 된 자들이다.

그렇다면, 장로들은 이 교회의 양 떼를 어떤 자세로 목양해야 하겠는가? 목자 자신들의 피로 목양해야 한다.

직분자의 역할은 무엇인가

초대 교회에는 장로와 더불어 직분이 하나 더 있었다. 바로 '집사'다. 초대 교회 당시 지역 교회 회중에 대한 목회적 책임은 장로와 집사, 두 직분에게로 나누어져 있었다.

사도행전 6장에는 집사가 최초로 세워진 배경이 기록되어 있다. 초대 교회에 문제가 발생했다. 구제 사역에서 제외된 사람들이 생겨나게 된 것이다. 그들은 헬라파 유대인 과부들이었다. 자신들이 구제의 대상에서 빠지게 되자 헬라파 과부들은 불만을 토로했다. 이에 대해 사도들은 구제의 일을 맡을 사람 일곱을 택하여 따로 세웠다. 그리고 자신들은 말씀과 기도에 전념했다. 이렇듯 초대 교회에서 집사는 가난한 자들을 돕는 일을 전담하는 직분이었다.

1세기 말까지 초대 교회에는 이렇게 장로-집사 두 개의 직분만이 존재했다. 그러다가 2세기 중반 이후 감독-장로-집사라는 삼중 직분 제도가 생겨났다. 학자들은 교회 내 장로들의 모임인 '장로회'의 의장이 자연스럽게 감독으로 발전했을 것으로 추정하고 있다. 따라서 감독은 성만찬을 집례하고 교회의 재정을 주관하면서 장로회를 이끌어 가는 역할을 했다. 여기서 감독은 오늘날 지역 교회의 담임 목사와 같은 것으로 생각하면 된다.

그리스도인으로 잘 사는 법

오늘날 장로 교회의 직분제도의 초기 창립자는 프랑스의 슈트라스부르크의 종교개혁자 마르틴 부처(Martin Bucer)였다. 마르틴 부처는 초대 교회의 장로를 하나님의 말씀을 가르치는 '설교하는 장로'와 성도들이 배운 말씀대로 살아가도록 권면하고 징계하는 '권징하는 장로'로 나누었다. 말씀을 가르치는 장로는 오늘날 '목사'라는 호칭을 갖게 되었고, 권징하는 장로는 오늘날 '장로'로 호칭하게 되었다. 그리고 이 두 직분이 함께 '목자'로서 협의회를 구성하고, 그들 가운데 한 사람을 협의회의 지도자로 세워 '감독'의 직무를 수행하게 하였다.

장 칼뱅(Jean Calvin)은 슈트라스부르크에 체류하는 동안 마르틴 부처(Martin Bucer)로부터 이와 같은 직분제를 배웠고, 1541년 제네바에 돌아와서 교회 직분을 목사, 교사, 장로, 집사의 네 개로 제네바교회를 개혁했다.

목사는 하나님의 말씀을 가르치고, 성례를 집전하고, 교회의 재정을 주관하며 교회 전반적인 사역을 이끌어 가는 직분이다. 교사는 신학을 반드시 전공한 사람으로 박사 또는 교수라 불렸으며, 장로는 목사와 함께 권징을 행하고 목사의 목회를 지원하는 직분이다. 특별히 장로 직분의 임기는 항존직이 아닌 1년 임기의 임시직이었으며, 모든 장로는 1년마다 신임을 받아야 했다. 여러 가지 이유가 있었지만 그중 하나는 생업을 가지고 감당하기에 너무 힘든 직분이었기 때문이다. 마지막으로 집사는 제네바 시에 소속되어 있는 병원과 복지시설, 교회에 봉사하는 직분이다. 장 칼뱅은 목사와 장로로 구성된 협의회를 구성하여 '콩시스투아(consistoire)'라고 불렀다. 본래 콩시스투아는 중세 시대에 추기경단을 가리키는 말이었다. 그러나 제네바 교회에서는 목사와 장로로 구성된 교회를 다스리는 감독 기구를 가리키게 되었다.

목회는 목사 혼자 감당하는 사역이 아니다. 장로의 도움이 필수적이다. 첫째, 장로는 목사의 목회 비전과 철학을 잘 이해하고 성도들에게 잘 설명해 주고 동기를 부여함으로써 목회를 도울 수 있다. 둘째, 장로는 성도들의 실제적 고민과 고충을 구체적으로 목사에게 전달해 줄 수 있다. 셋째, 장로는 현재 교회 상황에 필요한 설교 주제나 본문을 건의할 수 있다. 그리고 설교자의 설교 태도나 기술에 대해서도 적절하게 건의하거나 조언해 줄 수 있다.

성도들의 영적 상태를 살피는 일은 목사의 목회를 돕는 장로의 가장 중요한 일이다. 무엇보다 장로는 설교자의 설교가 성도들의 삶에 구체적으로 적용되도록 도와줘야 한다. 그런 의미에서 장로 사역에서 가장 중요한 일은 바로 심방이다. 장로 직분의 가장 중요한 특징은 당회 참석 여부가 아니라, 심방 참석 여부다. 장로는 교회에 새 가족이 오면 심방할 의무가 있고, 성도들의 모든 장례에 참석할 의무가 있다. 무엇보다 시험에 든 사람이나 영적으로 연약한 사람들을 심방해야 한다.

장로가 성도를 만나 이야기할 때는 세상을 살아가는 일반적 이야기들만 해서는 안 된다. 설교조의 이야기나 훈계조의 이야기도 금물이다. 그보다는 성도의 이야기를 충분히 들으면서도 적절히 권면과 위로를 전해야 한다. 장로의 심방은 개인뿐 아니라 가족 전체를 돌보는 일이어야 하고, 무엇보다 아이들 역시 심방의 대상에서 제외해서는 안 된다. 또한 장로가 교회에 대한 세세한 이야기를 들려주어 시험에 들게 해서도 안 된다. 앞뒤 문맥 없이 들으면 오해할 수 있기 때문이다. 또한 목사나 다른 성도들에게 시비를 걸 수 있는 내용을 성도들과 나누는 것도 곤란하다.

장로의 든든한 지원과 협력 속에서 목회하는 교회만큼 행복한 교회는 없을 것이다. 따라서 장로는 목사의 목회를 돕기 위한 충분한 준비와 기도, 훈련과 고민이 필요하다. 이 일은 단기간에 이뤄지지 않고 오랜 시간을 통해 준비해야 하는 부분이다.

직분에도 개혁이 필요하다

우리가 언급해야 할 직분이 하나 더 남아 있다. '권사' 직분이다. 성경에는 정확히 명시하고 있지는 않지만, 교회사에서 권사직은 나이가 든 여성 성도로서 기도에 힘쓰고, 가난한 자, 병든 자, 환난당한 자를 돌보는 직분이었다. 또한 교회 안에서 시험에 든 자나 연약한 자를 심방하여 그들을 하나님의 말씀으로 위로하고 권면하는 직분이었다. 특별히 여인들을 대상으로 한 복음 전파와 세례 교육을 맡은, 여성 사역을 위한 직분이었다. 한마디로, 권사는 장로다.

사실 장로의 직분을 감당하는 여성에게 성경에 등장하지도 않는 권사 직분을 부여한 이유에 대해서는 '남녀차별적 사상'이 깔려 있다고 생각한다. 개혁 교회 전통에서 장로 직분은 '나이 든 남성'에게 만 주어졌다. 그러나 꼭 남성이어야 할까? 꼭 나이가 많아야만 할까? 이 부분에 대하여 성경은 우리에게 선택의 자유를 주고 있다고 확신한다. 장로 직분의 본질이 그리스도의 피로 사신 바 된 교회를 목양하는 목자라고 한다면 남성이든 여성이든, 30대든 50대든 그 것은 아무런 상관이 없을 것이다. 호칭 자체가 '나이 든 사람'을 의 미하기는 하지만, 직분의 본질만 생각한다면 나이나 성별이 조건이 될 필요는 없다. 이와 같은 비본질적인 조건 때문에 목양에 열정이 있고 은사가 있는 성도들에게 목자의 직분을 감당할 수 있는 길을 열어 주지 않는다면, 비본질적인 것이 본질을 가로막고 있다면, 한 국 교회는 절대로 머리 되신 그리스도로부터 말미암는 영적인 권세 와 생명력을 회복할 수 없을 것이다. 생명줄을 막아 놓고 어떻게 생 명을 유지하기를 기대할 수 있겠는가?

장 칼뱅은 개혁된 교회는 항상 개혁되어야 함을 강조했다. 개혁 된 교회가 제자리에 멈추어 있으면 죄성을 가진 인간들의 이해 집 단으로 전락하기 때문이다. 그러나 한국 교회는 교회 직제를 고정 되고 불변적인 것으로 이해하는 경향이 있다. 유교적 영향으로 말 미암아 직분을 명예와 권력으로 생각하는 경향도 있다. 100주년기 념교회 이재철 목사님은 "전통이란 이름의 우상"이라는 설교에서 "교회 안에서 반드시 없어져야 할 우상은 바로 '직분의 서열화·계 급화·권력화'라는 전통의 우상"이라고 말하고, "장로교회가 140년 전 한국에 들어와서 칼뱅의 개혁교회와는 전혀 다른 양상을 보였

그리스도인으로 잘 사는 법

다. 유교적 가부장 사회에 들어와 장로가 계급·서열이 된 것"이라고 했다. 그의 설교에 의하면 본래 감리교와 침례교에는 장로가 없었다. 감리교는 속장과 권사밖에 없었다. 그런데 한국 감리교와 침례교에는 장로가 있다. 마치 한국에서는 장로 없이는 교회가 안 굴러가는 것처럼 되었다. 장로가 계급이 되니 서리집사 위에 안수집사가 있고, 안수집사 위에 권사와 장로가 있다. 종교 개혁의 핵심이 만인 제사장인데 계급이 존재하는 것이다. 또 이재철 목사님은 이렇게 말했다.

"은연중에, 혹은 공개적으로 왜 선거운동을 하는가. 선거운동을 해서 뽑히는 장로와 안수집사가 정말 예수가 말하는 종이 될 수 있는가. 그럼에도 선거운동을 하는 것은 교회 직분을 계급·권력이라고 생각하기 때문이다. 그래서 지분이 있는 사람에게 직분을 준다. 교회의 지분은 종종 그 사람이 교회에 투자한 헌금으로 결정된다. 직분이 서열화·계급화·권력화 된 교회는 절대로 성경이 말하는 주님의 교회가 아니다. 한국 교회에 '섬긴다'는 말이 타락했다. 섬기지 않으면서 섬긴다고 말한다. 직분이 서열화·계급화·권력화 되는 전통의 우상을 깨부수고, 이제는 새로운 교회를 만들어 가야 하지 않겠는가. 코끝에 생명이 있는 동안에 진짜 예수쟁이로 살아야 하지 않겠는가."

한국 교회는 '종교개혁의 전통'만을 고집할 것이 아니라 '종교개혁의 정신'을 되살려야 한다. 성경적인 직분관에 견고하게 뿌리를 내리고 개혁 교회 전통에서 크게 이탈하지 않으면서도, 동시에 오늘날 한국 교회 가운데 왜곡된 직분에 대한 편견과 병폐들을 극복하여 새로운 영적 흐름의 물꼬를 틀 수 있는 건강한 교회 직분제를 확립하는 것이 이 시대의 영적 각성을 위해 반드시 필요한 일이라고 확신한다.

그런 의미에서, 교회가 이름만 교회인 세상적인 조직체가 아니라 진정한 선지자, 제사장, 왕의 직분을 감당하는 그리스도의 몸으로 세워져야 할 것이다. 그러기 위해서는 나이와 성별을 불문하고 목양적인 은사와 열정이 있는 성도들이 교회를 다스리는 최고 기구의 일원이 되어 담임목사를 도와 그리스도의 몸된 교회를 함께 세워 갈 수 있는 길이 확보되어야만 한다. 성경이 허락하고 있는 자율성 속에서 성경에 기록된 초대 교회의 직분의 용법을 지켜서 목양에 은사가 있고 사명감이 있는 남성과 여성, 나이 든 사람과 젊은 사람을 아우르는 콩시스투아를 구성해야 할 것이다.

이는 당신이 주장할 일이니 일어나소서 우리가 도우리니 힘써 행하소서 하니라(스 10:4).

chapter 13

건강한 교회를 위해 권징하십시오

_ 마 18:15-22

교회란 무엇인가? 교회는 하나님이 자신의 피로 사신 하나님의 소유다. 교회를 값으로 매기자면 '하나님의 피 값'이다. 교회는 예수 그리스도의 몸이다. 그러므로 교회의 값은 그리스도의 몸값과 같다. 우리가 교회에 대해서 반드시 알아야 할 사실이 바로 이것이다. '교회란 도대체 얼마나 소중한 것인가?'를 아는 것이 교회 재건과 도약의 출발점이다. 그러므로 교회를 멸시하는 것은 하나님을 멸시하는 것이요, 교회를 조롱하는 것은 하나님의 피 값을 조롱하는 죄다.

더불어 우리가 교회에 대해 반드시 알아야 할 사실이 한 가지 더 있다. 교회가 소중한 만큼, 반드시 '보살핌'이 필요하다는 사실이다. 원래 보물은 그 가치가 클수록 살뜰한 보살핌이 필요한 법이다. 국립박물관에 가 보라. 수천 년 된 돌덩어리들, 천 조각들, 종잇조각들이 국가의 어떤 보살핌을 받고 있는가. 소중한 것일 수록 그것을 탐내는 자들이 많다. 교회도 그렇다. 교회를 훔치고 흠집 내고자 하는 자들이 있음을 우리는 반드시 알아야 한다.

그자는 누구인가? 바로 사탄이다. 하나님이 되고 싶어서 환장한 존재다. 사탄은 시기와 질투의 영이다. 그가 하나님을 거역하는 이유는 하나다. 하나님이 너무나 부럽기 때문이다. 그러나 자신이 하나님처럼 될 수 없다는 사실을 누구보다도 잘 알고 있어서, 하나님에 대한 반감을 갖고 거역하는 것이다. 한마디로 사탄의 반역과 불순종의 배후에는 하나님에 대한 시기와 질투가 있다.

사탄은 하나님이 받으시는 찬양과 경배를 자기가 받기 원한다. 하나님에 대한 사람들의 충성을 자신에 대한 충성으로 돌리기 원한다. 그래서 사탄은 하나님의 피 값으로 사신 교회를 훼손하고 파괴하기 위해 혈안이 되어 있는 것이다. 베드로는 '사탄이 우는 사자와 같이 두루 삼킬 자를 찾아 다닌다'고 교회를 향하여 경고하고 있다.

보살핌을 받지 못하는 교회는 살아남을 수가 없다. 우는 사자와 이리 떼들로부터 교회를 보살피지 않으면 교회는 '아름다운 화원'이 아니라 '야생의 초원'이 될 수밖에 없다. 교회는 세상 어디에서도 맛볼 수 없는 천국이 될 수 있는 동시에, 세상 어디에서도 구경할 수 없는 지옥이 될 수도 있다. 교회가 세상보다 못하다는 말이 그래서 나오는 것이다. 하나님의 피로 사신 바 된 이 교회는 반드시 보살핌을 받아야 한다. 그와 같은 보살핌을 위해 성령 하나님이 이 교회에 감독을 세우셨다. 감독이 없으면 교회는 '사탄의 밥'이 될 수밖에 없다.

그렇다면, 성령 하나님이 교회의 감독에게 주신 사명은 무엇인가? 온 교회가 사탄을 대적하게 하는 일이다.

그런즉 너희는 하나님께 복종할지어다 마귀를 대적하라 그리하면 너희를 피하리라(약 4:7).

그렇다면, 사탄을 대적하는 방법은 무엇인가? "마귀야 떠나가라!" 그런다고 떠나가나? 사탄이 우리 말에 그렇게 고분고분하게 순종하겠는가? 성경이 가르쳐 준 방법은 하나다. 하나님께 복종하는 것이다. 사탄은 언제나 하나님을 거역하게 하는 영이기 때문이다.

예수님이 광야에서 40일간 사탄에게 시험을 당하실 때, 어떻게 대적하셨나? 하나님의 말씀에 순종함으로 대적하셨다. 사탄이 "이 돌을 떡으로 만들어 먹으라" 하니 주님은 "하나님께서 말씀하시기를 사람이 떡으로만 살 것이 아니요 하나님의 입에서 나오는 말씀으로 살 것이라 하셨다"고 대응하셨다. 사탄이 "성전 꼭대기에서 뛰어내려 보라. 천사가 너를 받아 줄 것이다" 했을 때는 "하나님께서 말씀하시기를 주 너의 하나님을 시험하지 말라고 하셨다"고 대응하셨다. 사탄이 "내게 절하면 천하만국의 영광을 네게 주리라" 하자 "사탄아 물러가라. 하나님께서 말씀하시기를 하나님만을 경배하고 섬기라고 말씀하셨다"고 대응하셨다. 그러자 사탄이 예수님을 떠났다(마 4:1-11).

예배를 드린다고 사탄을 대적할 수 있는 것이 아니다. 하나님께 복종하는 자의 예배라야 대적할 수 있다. 모든 부르짖는 기도가 사탄을 대적할 수 있는 것이 아니다. 하나님께 복종하는 자의 기도가 대적할 수 있다. 아무리 하나님의 말씀이 선포되고, 그 말씀을 듣는 수많은 무리들이 교회 안에 있다 할지라도, 그 말씀대로 복종하는 자가 없다면 하나님의 피로 사신 교회는 결국 사탄의 밥이 되고 말 것이다. 이 교회는 천국 간판을 달고 지옥을 운영하고 있는 강도의 소굴이 되고 말 것이다. 그러나 교회 안에 하나님께 복종하는 성도들이 많아지면 많아질수록 사탄이 얼씬도 하지 못하는 천국과 같은 곳이 될 것이다.

그래서 성령 하나님은 교회마다 감독자를 세우시고 하나님의 말씀을 가르치고 선포할 수 있는 권세를 주셨다. 더불어 성도가 그 말씀대로 살아가도록 지도하고 감독할 수 있는 권세를 함께 부여하셨다. 그리고 우리는 그와 같은 권세를 '권징'이라고 부른다.

> 18 또 내가 네게 이르노니 너는 베드로라 내가 이 반석 위에 내 교회를 세우리니 음부의 권세가 이기지 못하리라 19 내가 천국 열쇠를 네게 주리니 네가 땅에서 무엇이든지 매면 하늘에서도 매일 것이요 네가 땅에서 무엇

이든지 풀면 하늘에서도 풀리리라 하시고(마 16:18-19).

열쇠는 문을 열고 어떤 장소로 들어가게 하는 '권세'를 내포하고 있다. 따라서 천국 열쇠란 그리스도의 복음을 통해 천국 문을 열고 사람들을 천국에 들어가게 하는 권세를 의미한다. 동시에 이 열쇠는 교회 안에서의 권징을 의미한다.

'메고 푸는 권세'는 랍비적 표현에서 나온 것이다. 그것은 '토라' 해석에 기초하여 특정한 행위를 허락하거나 허락하지 않을 수 있는 권세를 의미한다. 즉 예수님은 음부의 권세가 이길 수 없는 천국의 열쇠를 교회에게 부여하시면서, 이 천국의 열쇠에는 교회가 하나님의 말씀에 기초하여 교회의 지체들에게 특정한 행위를 허락하거나 허락하지 않을 수 있는 '권징의 권세'가 포함되어 있다는 사실을 말씀하고 계신 것이다. 따라서 예수님이 베드로에게 약속하신 천국 열쇠는 첫째, 복음 전파를 통하여 사람들을 천국으로 들어갈 수 있게 하는 권세와, 둘째, 들어간 사람들에게 교회 권징을 실시할 수 있는 권세를 의미한다.

오늘날의 많은 그리스도인은 '교회의 권징'이라는 말만 들어도 반발하거나 거부감을 갖는다. 그러나 어떠한 사회도, 그것이 아무리 작은 가족이라 할지라도 권징이 없이는 적절한 상태를 유지할 수가 없다. 하물며 사탄과의 영적 전쟁 가운데 있는 교회는 말할 것도 없다. 권징이 없는 군대를 상상할 수 있겠는가? 고린도 교회는 다들 하나님으로부터 직통 계시를 받는다고 주장하는 사람들로 가득했다. 그런데 그렇게 직통 계시를 받은 자들끼리 얼마나 서로 부딪치고 충돌하는지, 고린도 교회는 예수파와 그리스도파가 서로 싸우고, 예수님의 말씀과 성령론이 서로 충돌하는 교회였다. 이런 싸움은 하나님도 말릴 수가 없는 영적 전쟁이었다. 그래서 칼뱅은 그리스도의 복음이 교회의 '영혼'이라면, 권징은 지체들을 하나로 묶어서 제자리를 지키도록 해 주는 '근육'과 같다고 말했다. 칼뱅에게 있어서 교회의 권징은 교회의 생사를 결정짓는 문제였다. 그러므로 권징을 제거하기를 바라거나 아니면 권징의 회복을 방해하고자 하는 사람들은 궁극적으로 교회를 와해하는 일에 일조하고 있는 셈이라는 사실을 반드시 알아야만 한다고 강조했다.

권징의 목적

그렇다면, 교회 권징의 구체적인 목적은 무엇일까? 일차적으로는 성도 자신의 부패한 모습에 대하여 부끄러움을 느끼고 회개하게 하는 도구다. 교회로부터 부드러운 대접을 받을 때에는 자신의 악행을 악행으로 여기지 않고 자신만만하던 사람들이 징계의 채찍을 맞을 때 비로소 자신의 완악하고 교만한 마음을 깨닫고 겸허하게 돌이키는 유익을 얻는다.

14 누가 이 편지에 한 우리 말을 순종하지 아니하거든 그 사람을 지목하여 사귀지 말고 그로 하여금 부끄럽게 하라 15 그러나 원수와 같이 생각하지

말고 형제같이 권면하라(살후 3:14-15).

권징의 또 다른 목적은 한 사람의 죄가 다른 사람에게 퍼지는 것을 막는 것이다.

너희는 하나님의 은혜에 이르지 못하는 자가 없도록 하고 또 쓴 뿌리가
나서 괴롭게 하여 많은 사람이 이로 말미암아 더럽게 되지 않게 하며
(히 12:15).

모든 나무에는 뿌리가 있듯 사람에게도 뿌리가 있는데, 어떤 사람은 그 뿌리가 건강하지만 어떤 사람은 건강하지 못하다. 그 뿌리는 바로 마음이다. 삶의 상처, 실패, 절망, 타고난 기질 등이 복합적으로 작용하여 마음이 삐뚤어져 있거나 꼬여 있는, 그래서 마음에 항상 칼을 품고 살아가면서 언제든지 그 칼을 휘두를 준비를 하고 있는 사람들이 있다.

그와 같은 마음을 '쓴 뿌리'라고 부른다. 겉으로는 잘 드러나지 않지만, 시간이 지나면 반드시 그 사람의 말과 태도와 행동을 통해 '쓴 열매'를 맺게 되기 때문이다. 그래서 공동체가 쓴 뿌리를 가진 사람의 말과 행동을 제어하지 않으면 공동체 전체가 큰 고통과 어려움을 겪게 된다. 특별히, 그런 쓴 뿌리를 가진 사람은 그와 비슷한 뿌리를 가진 사람과 잘 통하기 때문에 서로 잘 뭉치는 경향이 있다. 결과적으로, 쓴 뿌리를 가진 사람들이 공동체 안에서 '쓴 영향

력'을 확대하게 되고, 다른 사람들에게도 전염시켜 공동체 전체가 더럽혀질 수 있음을 경고하고 있는 것이다. 그래서 교회의 감독자는 쓴 뿌리로 인하여 공동체를 괴롭게 하거나 더럽히는 자들을 공동체로부터 분리시켜 공동체 안에 있는 어리고 순진한 양 떼를 보호해야 할 필요가 있다. 이것이 교회에 권징이 필요한 이유다.

교회에 권징이 필요한 또 다른 이유는, 만약 교회가 범죄한 사람에게 권징을 행하지 않는다면, 교회가 그 죄에 관해 별로 관심을 보이지 않고 있다는 잘못된 메시지를 전달할 수 있다. 그렇게 되면 많은 사람이 그와 유사한 죄를 범하도록 부추기는 결과를 낳을 수 있기 때문이다. 바울은 고린도 교회 안에서 근친상간을 저지른 자가 있다는 소식을 듣고는 "그 일 행한 자를 왜 너희 중에서 쫓아내지 않았느냐"고 책망한다.

> 6 너희가 자랑하는 것이 옳지 아니하도다 적은 누룩이 온 덩어리에 퍼지는 것을 알지 못하느냐 7 너희는 누룩 없는 자인데 새 덩어리가 되기 위하여 묵은 누룩을 내버리라 우리의 유월절 양 곧 그리스도께서 희생되셨느니라… 13 밖에 있는 사람들은 하나님이 심판하시려니와 이 악한 사람은 너희 중에서 내쫓으라(고전 5:6-13).

권징의 방법

교회 권징은 어떻게 시행되어야 하는가?

¹⁵ 네 형제가 죄를 범하거든 가서 너와 그 사람과만 상대하여 권고하라 만일 들으면 네가 네 형제를 얻은 것이요 ¹⁶ 만일 듣지 않거든 한두 사람을 데리고 가서 두세 증인의 입으로 말마다 확증하게 하라(마 18:15-16).

예수님은 교회 안에서 가장 빈번하게 일어날 수 있는 '성도들 간의 불화'의 문제를 언급하시면서, 이 불화를 통해 틈타는 사탄의 계략에 대적하기 위해 교회에게 주어진 권징의 권세를 구체적으로 어떻게 사용해야 하는지에 대한 지침을 말씀해 주신다.

교회 안에서 성도들 간의 불화를 일으키는 가장 흔한 죄이면서도 가장 치명적인 사탄의 무기는 바로 비방과 참소의 죄다. 우리는 모두 실수를 하며, 그 실수 때문에 정당하게든 또는 부당하게든 비난을 받는다. 교회는 종종 그와 같은 이유로 인한 비난과 수군거림으로 가득 차게 된다.

일단 가장 먼저 우리가 기억해야 할 사실은 우리의 위치가 누군가의 비난으로 무너졌다고 생각할 필요는 없다는 사실이다. 우리의 기초는 그리스도이며, 그 기초는 음부의 권세도 이길 수 없는 견고한 반석이다. 우리의 기초가 사람들의 비난 따위로 무너질 수 있는 그런 허약한 것이 아니란 사실을 먼저 기억하는 것이 중요하다.

동시에, 교회 안에서 일어나는 비난과 수군거림은 그 피해를 입은 당사자만의 문제로 끝나는 것이 아니라, 누룩처럼 교회 전체에 '쓴 영향'을 끼칠 수 있는 문제이기도 하다. 따라서 예수님은 교회가 권징의 권세를 행사함으로써 그와 같은 문제를 바로잡고, 교회 안에 있는 다른 양 떼를 보살필 것을 명령하신 것이다.

예수님은 성도 중 한 사람이 죄를 범하여 지체를 실족하게 하면 죄를 범한 그 사람을 찾아가서 직접 상대할 것을 말씀하신다. 편지와 이메일과 전화 같은 것들은 차선책이다. 개인적으로 직접 만나서 권고해야 한다. 그리고 그렇게 만난 자리에서 죄를 범한 자가 자신의 잘못을 인정하고 뉘우치면 교회적인 권징의 절차는 불필요하고 모든 문제는 종식된다. 그러나 만약에 죄를 범한 자가 자신의 죄를 인정하지도, 뉘우치지도 않으면 "한두 사람을 데리고 가서 두세 증인의 입으로 말마다 확증하게 하라"(16절)고 말씀하신다.

그안에진리교회를 개척하고 얼마 되지 않아서 교회에 갓 등록한 성도로부터 연락을 받았다. 같은 순에 있는 어떤 성도가 예배만 끝나면 교회와 목사의 설교에 대해 도가 지나친 비난을 퍼붓는다는 것이다. 물론 불만을 가질 수는 있다. 그러나 정도가 심해 혹시 신천지가 아닌가 하는 의심이 들 정도였고, 이 사람을 그냥 내버려 두면 다른 성도들에게도 큰 피해를 줄 것 같다는 확신이 들었다고 했다. 그러면서 구체적인 물증 자료도 함께 보내 주었다. 자료를 검토한 후에 나 역시 이분의 행위가 우리 교회와 성도의 안전, 목사의 영적 권위에 심각한 어려움을 줄 수 있겠다 판단하고, 주일 예배 직후에 직접 만나 사실 확인 절차를 가졌다. 만약에 그분이 자신의 잘못을 인정하고 뉘우친다면 그 자리에서 함께 기도하고 모든 문제를 덮었을 것이다. 그러나 그분은 아주 완강하게 자신의 잘못을 인정하지 않았다. 나는 그분에게 3개월 동안 순모임을 비롯한 모든 소그룹과 성가대에 참여하지 않을 것을 이야기했다. 그분과 교회 공동체를 당분간 분리하겠다고 말씀 드렸다. 그러나 아쉽게도 그분은 권징을 받아들이지 않았고, 그길로 우리 교회를 떠나 다시는 돌아오지 않았다.

교회 개척 초기에 아주 먼 거리에서부터 우리 교회에 참석하는 분이 계셨다. 당시 여러 가지로 미흡했던 우리 교회에 다양한 도움을 주려고 애썼던 분이다. 그런데 몇 년이 지나서야 그분이 아주 불순한 의도를 가지고 우리 교회에 등록했다는 사실을 알게 되었고, 즉시 그분의 성가대 참여를 금지시켰다. 그분도 역시 권징을 받아들이지 않고 교회를 떠났다.

이외에도 지난 6년 동안 교회의 건강한 질서와 양 떼의 안전을 위협하는 다양한 일들이 있어 왔고, 또 거기에 대한 교회적인 권징이 있어 왔다. 만약에 우리 교회가 주어진 권징의 권세를 사용하여 교회와 교회의 양 떼를 적절하게 보살피지 못했다면 이미 오래 전에 우는 사자와 이리 떼와 같은 사탄에게 삼켜져 영적으로 황폐한 불모지가 되고 말았을 것이다.

본문에 기록된 예수님의 지침을 보면, 교회의 권징이 개인적이고 비공식적인 단계에서 온 교회에 의한 공적인 단계로 발전되어 가는 모습을 보게 된다. 개인적인 모임에서 두세 사람의 모임으로, 그리고 온 교회로 알리는 점진적인 과정을 말씀하고 계신다. 거기에는 목적이 있다.

되도록 소수의 사람만이 성도들 사이에서 벌어진 죄에 관해 아는 것이 좋다는 의미다. 이는 범죄한 사람이 회개하기가 쉽고, 그 사람의 죄로 말미암아 시험에 들 사람을 최소화할 수 있다. 또한 죄를 범한 당사자의 명예에 덜 치명적일 수 있고, 그리스도의 영광에도 피해가 덜 되기 때문이다. 교회 안에서 일어나는 성도들 간의 문제들을 무조건 다 공개하는 것은 예수님의 가르침이 아니다. 최대한 다른 사람들에게 알려지지 않는 상태에서 당사자가 해결하도록 노력하는 것이 중요하다.

그러나 그렇게 해서 문제가 해결되지 않으면 개인적인 대화로 그쳐서는 안 된다고 가르친다. 만일 누군가가 그런 권면들을 완악하게 거부하거나 악행을 계속 고집함으로써 권면들을 모욕한다면, 증인들이 있는 자리에서 한 번 더 권면을 하고, 그래도 권면을 거부하면 교회의 법정 앞으로 그를 소환하라고 말씀하신다. 그리고 거기서 공적인 권위로 엄중히 권면함으로써 굴복하고 순종하도록 하라고 하신다. 만약에 그렇게 했는데도 굴복하지 않고 죄를 고집하면 교회를 멸시하는 자로 여겨서 출교, 즉 교회에서 쫓아내야 하며, '이방인과 세리'와 같은 외부인이 되어야 한다고 말씀하신다.

만일 그들의 말도 듣지 않거든 교회에 말하고 교회의 말도 듣지 않거든 이방인과 세리와 같이 여기라(마 18:17).

온 교회는 출교 당한 그 성도가 더 이상 우리 교회의 교인이 아님을 알아야 한다. 출교당한 사람과의 교제는 금지되어야 한다. 데살

그리스도인으로 잘 사는 법

로니가 교인들에게는 "형제들아 우리 주 예수 그리스도의 이름으로 너희를 명하노니 게으르게 행하고 우리에게서 받은 전통대로 행하지 아니하는 모든 형제에게서 떠나라"(살후 3:6)고 했다.

교회가 죄를 범한 교인에게 내리는 권징은 단순한 '행정적인 권징'이 아니라 '영적인 권세'를 가진 것이라는 사실을 알아야 한다. 지금까지 경험상, 대부분의 성도가 권징의 초기 단계에서 거부하고 교회를 떠나는 모습을 본다. 그런데 그들이 반드시 알아야 할 사실은 다른 교회로 옮긴다고 해서 그 권징이 사라지는 것이 아니라는 사실이다. 왜냐하면 교회가 땅에서 그 사람을 권징으로 매면 하늘에서도 동시에 매이는 것이기 때문이다. 땅에서 그 권징이 풀리기 전에는 하늘에서도 풀리지 않을 것이다. 그러므로 자신이 받은 권징에 대한 분명한 뉘우침과 회개가 없다면, 그 사람은 머지않아 또 다른 교회를 찾아 나가야 하는 상황에 처하게 될 것이다.

특별히 바울은 에베소 교회의 감독으로 세운 디모데에게 에베소 교회 장로에 대한 권징을 어떻게 실행해야 할지를 설명해 준다.

[19] 장로에 대한 고발은 두세 증인이 없으면 받지 말 것이요 [20] 범죄한 자들을 모든 사람 앞에서 꾸짖어 나머지 사람들로 두려워하게 하라(딤전 5:19-20).

교회의 목자들, 지도자들은 교회의 양 떼를 사탄으로부터 보살피도록 세워진 직분이기 때문에 끊임없는 공격에 노출되어 있다. 따라서 교회의 장로들을 권징하고자 할 때는 항상 그와 같은 영적 공격을 염두에 두고 정확한 증거와 증인이 없이 함부로 권징하지 말 것을 먼저 당부하고 있다.

그러나 만약에 교회 장로들의 범죄가 두세 증인의 증언과 분명한 증거를 통해 확증이 되었고, 개인적인 죄가 아닌 교회 전체에 영향을 미친 공적인 죄라고 한다면, 그들은 모든 사람 앞에서 '공개적인 책망'을 받아야 한다. 그 이유는 장로가 그릇되게 행동함으로 나쁜 본을 보여, 그들의 삶을 보고 있는 많은 사람에게 상당히 부정적인 영향을 끼쳤기 때문이다. 교회 지도자의 공적인 죄를 교회의 모든 성도 앞에서 공공연하게 드러내는 것은 교회가 앞으로도 그런 문제들을 은폐하지 않을 것이라는 분명한 신호를 교회 전체에게 보내는 역할을 함과 동시에, 지도자들의 신실성에 대한 교인들의 확신을 증진시켜 주는 역할을 하게 될 것이다.

성경에는 교회의 지도자가 아닌 일반 교인의 죄를 모든 사람에게 알려 책망하라는 명령은 없다. 그러나 교회 지도자들의 삶은 다른 성도에게 모본이 되어야 하기 때문에(딤전 4:12) 공개적인 책망을 요구하고 있는 것이다. 실제로 바울은 공적인 석상에서 베드로를 책망한 적이 있었는데 이는 다른 사람들로 하여금 유대인 신자들과만 식사를 한 베드로의 나쁜 본을 따르지 못하게 하기 위해서였다(갈 2:11).

권징의 목적은 용서와 화목이다

일반 성도를 향한 권징이든 교회 지도자를 향한 권징이든, 권징이 교회 안에서 시행될 때 반드시 병행되어야 할 것이 있다. 그것은 바로 '강력한 기도'다.

> [19] 진실로 다시 너희에게 이르노니 너희 중의 두 사람이 땅에서 합심하여 무엇이든지 구하면 하늘에 계신 내 아버지께서 그들을 위하여 이루게 하시리라 [20] 두세 사람이 내 이름으로 모인 곳에는 나도 그들 중에 있느니라 (마 18:19-20).

예수님은 지금 교회 안에서 성도들 간에 불거진 불화를 다루는 이야기 말미에 기도할 것을 말씀하신다. 즉 불화로 인해 교회적인 권징이 진행되는 동안, 두세 사람이 합심하여 기도하라는 것이다. 따라서 권징의 과정을 위한 기도 팀을 형성하는 것이 매우 중요하다. 중보자가 모든 사항을 자세히 알 필요는 없다. 심지어 권징의 당사자가 누구인지조차 알 필요도 없다. 그러나 그들을 위해 기도하는 일은 매우 중요하다. 왜냐하면 이런 공동체 내에서의 불화는 거의 대부분 영적 전쟁일 때가 많기 때문이다.

본문에서 예수님이 주시는 기도 응답에 대한 약속은 바로 이런 맥락에서 주어진 것이다. 이 약속은 우리가 구하는 것은 무엇이든지 응답받는다는 기도에 관한 포괄적인 약속이 아니다. 성도들 간의 화해를 위한 기도와, 교회적인 권징을 통한 개인과 공동체의 회복을 위한 기도는 전적으로 하나님의 뜻이며, 반드시 응답될 것이라는 약속의 말씀이다.

이와 아울러 권징을 엄중히 시행하되 '온유한 심령'으로 하는 것이 중요하다. 징계를 받는 사람이 근심에 압도당하지 않도록 언제나 특별한 주의를 기울이라는 말이다.

> 형제들아 사람이 만일 무슨 범죄한 일이 드러나거든 신령한 너희는 온유한 심령으로 그러한 자를 바로잡고 너 자신을 살펴보아 너도 시험을 받을까 두려워하라(갈 6:1).

교회 권징의 목적은 복수심에서 벌을 주겠다는 것이 아니다. 회복시키고 치료하겠다는 것이어야 한다. 우리는 모두 연약하다. 누구든 비슷한 죄를 범할 수 있다. 따라서 권징할 때는 두려운 마음으로 행해야 한다. 그렇지 않으면 치유가 아닌 파멸, 회복이 아닌 분열과 갈등의 열매를 맺게 되고, 역으로 사탄의 계책에 휘말리는 결과를 만들어 낼 것이다. 그래서 예수님은 끝으로 교회 권징에 관해 말씀하신 직후에 범죄하는 자들을 개인적으로 용서해 주어야 할 필요성을 역설하신다.

> 21 그때에 베드로가 나아와 이르되 주여 형제가 내게 죄를 범하면 몇 번이나 용서하여 주리이까 일곱 번까지 하오리이까 22 예수께서 이르시되 네게 이르노니 일곱 번뿐 아니라 일곱 번을 일흔 번까지라도 할지니라(마 18:21-22).

그리스도인으로 잘 사는 법

베드로는 형제를 몇 번이나 용서할 수 있는지를 알고자 했다. 그는 일곱 번을 제안했으며, 랍비들은 당시 세 번이면 충분하다고 가르쳤다. 그러나 예수님의 대답은 일곱 번뿐 아니라 일흔 번씩 일곱 번까지라도 하라고 하셨다. 그것은 490번을 말씀하신 것이 아니다. 마음에 입은 상처로 말미암아 불만과 쓴 뿌리가 올라올 때마다 끊임없이 계속해서 용서하라는 의미다. 교회의 권징은 바로 이와 같은 용서와 함께 진행될 때 비로소 진정한 회복과 치유의 열매를 맺을 수 있다.

하나님이 교회에게 주신 권징의 권세는 지체들 안에서 벌어지는 죄를 제거하고, 동시에 피해를 입은 성도들이 시험에 들지 않고 용서를 통한 성숙한 화해와 회복으로 나아감으로써 교회를 더욱 견고하게 세워 가는 것이다. 이 과정을 통해 교회를 무너뜨리고 삼키려는 사탄의 책략을 대적해야 한다. 이 일을 위해 부여하신 천국의 열쇠, 천국의 권세가 권징이다. 이 권세를 충실하게 행사함으로써 한국 교회가 하나님의 말씀의 토대 위에서 건강한 도약의 시기를 향해 나아갈 수 있기를 기도한다.

Part 5

더 나은
그리스도인이
된다는 것

chapter 14.

건강한 영성은 사랑에서 나옵니다

_ 엡 3:14-21

사람에게는 '겉사람'과 '속사람'이 있다. 겉사람은 '육체'요 속사람은 '영혼'이다. 대부분 사람들은 겉사람으로만 산다. 육체가 주는 힘과 능력으로만 사는 것이다. 이것은 타락한 인간의 비극이다. 왜냐하면 인간의 진정한 생명과 능력은 겉사람이 아니라 속사람, 즉 그 사람의 영혼으로부터 나오기 때문이다. 우리의 생명과 능력의 원천은 우리의 심장과 근육에 있는 것이 아니라 바로 우리의 영혼에 있다.

살리는 것은 영이니 육은 무익하니라 내가 너희에게 이른 말은 영이요 생명이라(요 6:63).
그러므로 우리가 낙심하지 아니하노니 우리의 겉사람은 낡아지나 우리의 속사람은 날로 새로워지도다(고후 4:16).

바울은 오랜 시간 이어진 전도 여행과 모진 박해로 몸이 쇠약해져 가고 있었다. 그러나 그런 상황 속에서도 바울은 낙심하지 않는다고 고백한다. 왜냐하면 비록 겉사람은 후패하고 낡아지지만 속사람은 날마다 새로워지는 신비를 경험하고 있었기 때문이다. 그러므로 우리가 어떤 이유에서든지 현재 낙심하고 있다면 그것은 우리의 속사람, 즉 우리의 영적인 상태에 문제가 있는 것이다. 피부의 탄력이 줄어들고 기억력이 감퇴된다고 해서 우리의 심령도 함께 우울해지고 있다면 그것은 우리의 겉사람의 문제가 아니다. 속사람의 문제다. 우리는 얼마든지 낙심하지 않을 수 있다. 아무리 낙심할 만한 상황에 있더라도, 우리는 얼마든지 아침마다 늘 새로운 생기 넘치는 삶을 살아갈 수 있다. 그 비결이 어디에 있는가? 바로 속사람의 강건함에 있다. 우리는 이것을 다른 말로 '건강한 영성'이라 부른다.

다니엘과 세 친구는 바벨론의 느부갓네살이 먹는 음식과 그가 마시는 포도주로 자신의 속사람을 더럽히지 않기로 뜻을 정했다. 그때 환관장은 그들의 겉사람이 초췌해지고 또래의 다른 소년들보다 못하게 될 것을 염려하여 만류하였지만, 다니엘은 열흘 동안 채식과 물만을 먹여서 우리의 얼굴과 왕의 음식을 먹는 소년들의 얼굴을 비교해 보라고 요청했다. 환관장이 그들의 말을 따라 열흘 동안 시험해 본 결과 그들의 겉사람이 더욱 아름답고 윤택하여 왕의 음식을 먹는 다른 소년들보다 더 좋아 보였다. 그뿐이 아니다. 하나님이 이 네 소년에게 학문을 주시고 모든 서적을 깨닫게 하시고 다니엘에게는 특별히 모든 환상과 꿈을 깨달아 알 수 있는 능력까지 주셨다.

사람의 모든 생명과 능력의 원천은 바로 우리의 강건한 속사람, 건강한 영성에 있는 것이다. 그래서 바울은 사람의 모든 문제의 원인뿐 아니라 해결책을 그 사람의 영적인 상태에서 찾았다. 그래서 모진 박해와 고통 가운데 있는 에베소 교회 성도들을 위해 기도하면서 그들을 괴롭히는 물리적인 상황을 위해서가 아니라, 오로지 그들의 속사람이 강건해지기만을 위해 기도하고 있는 것이다.

14 이러므로 내가 하늘과 땅에 있는 각 족속에게 15 이름을 주신 아버지 앞에 무릎을 꿇고 비노니 16 그의 영광의 풍성함을 따라 그의 성령으로 말미암아 너희 속사람을 능력으로 강건하게 하시오며(엡 3:14-16).

건강한 교회는 어떤 교회인가? 건강한 속사람을 가진 성도가 많은 교회다. 그렇다면, 성령으로 말미암아 속사람이 강건해지는 것은 구체적으로 무엇을 의미하는가? 건강한 영성이란 무엇인가?

마음에 그리스도가 계시게 하라

믿음으로 말미암아 그리스도께서 너희 마음에 계시게 하시옵고…(엡 3:17).

건강한 영성이란, 믿음으로 말미암아 그리스도께서 우리 마음에 계시게 하는 것을 의미한다. 우리의 마음 안에, 즉 우리의 속사람

그리스도인으로 잘 사는 법

안에 그리스도를 믿는 믿음이 항상 있게 하는 것이다. 모든 상황과 환경 속에서 변함없이, 흔들림 없이, 우리 마음속에서 그리스도를 믿는 믿음을 지켜 낼 수 있는 마음의 힘, 그것이 바로 '속사람의 강건함'이다. 조금 더 구체적으로 표현하자면, 모든 상황과 환경 속에서 내 안에 내주하고 계시는 예수 그리스도와 '교제할 수 있는 힘'을 의미한다. 즉 내 속사람 안에 내주하시는 예수 그리스도와 '친밀한 인격적 교제'를 지켜 낼 수 있는 힘이다.

인격적인 교제의 가장 기초는 바로 '대화'다. 어떤 상황 속에 있든지 그리스도에게 이야기하고 말씀을 들을 수 있는 힘을 의미한다. 이 힘을 가진 사람이 바로 강건한 속사람, 강건한 영성을 가진 사람이요, 그와 같은 사람은 비록 겉사람은 후패할지라도, 비록 사방에 욱여쌈을 당하는 낙심되는 상황에 놓여 있다 할지라도 늘 새로운 생기와 능력의 충만함을 받아 새로운 아침을 시작하는 인생이 될 수 있는 것이다. 그러나 대화가 끊어지는 순간 교제는 끊어진다. 그리고 그리스도와의 교제가 끊어지는 순간 믿음은 소멸된다.

바울과 실라가 빌립보에서 그들이 당한 상황 속에서 어떻게 행동했고 어떻게 반응했는가를 생각해 보라. 그들은 복음을 전하다가 부당하게 체포되어 선혈이 낭자하도록 매질을 당했으며, 그 발은 차꼬에 든든히 채워져 깊은 감옥에 던져졌다. 축축하고 냉기 스미는 감방에서 그들을 위로하거나 힘을 줄 수 있는 것은 아무것도 없었다. 그런데 그때 바울과 실라는 무엇을 했는가? 그들은 기도하고 하나님을 찬송했다.

²⁵ 한밤중에 바울과 실라가 기도하고 하나님을 찬송하매 죄수들이 듣더라 ²⁶ 이에 갑자기 큰 지진이 나서 옥터가 움직이고 문이 곧 다 열리며 모든 사람의 매인 것이 다 벗어진지라(행 16:25-26).

온 하늘과 땅의 모든 권세를 갖고 계신 그리스도께서 내 안에 내주하고 계시는데 무엇 때문에 흔들리는가? 우리가 해야 할 전부는 내 안에 계신 그리스도와 대화하는 것이다. 그와 같은 대화를 위해 하나님이 허락하신 영적인 수단이 있는데, 그것이 바로 기도와 말씀이다. 이 두 가지 수단 외에 그리스도와 인격적인 교제를 유지하고 누릴 수 있는 다른 길은 없다. 그리스도와의 인격적인 대화가 얼마나 자주, 얼마나 깊이 이뤄지고 있는가? 그것이 속사람의 강건함, 즉 건강한 영성을 확인할 수 있는 표지다.

사랑이 가장 강한 힘이다

건강한 속사람의 또 다른 표지이자 가장 결정적인 표지가 있는데, 그것은 바로 '사랑'이다. 그리스도와의 친밀한 교제가 이뤄지고 있다면 그 사람의 마음에는 반드시 사랑이 있다. 당신 안에 사랑이 있는가?

바울은 에베소 교회 성도들의 속사람이 성령의 능력으로 말미암아 강건해지기를 기도한 후에, 이어서 다음과 같이 기도한다.

그리스도인으로 잘 사는 법

성도의 속사람이 성령으로 말미암아 강건해지면, 즉 성도가 그리스도와의 친밀한 교제 가운데 거하게 되면, 반드시 사랑에 뿌리를 박게 된다. 그때 성도는 서로 사랑할 수 있고, 교회의 기초는 견고하게 굳어져 가기 시작한다.

그런 의미에서, 연약한 교회란 성도 수가 적은 교회가 아니다. 성도들간의 사랑이 부족한 교회다. 강건한 교회는 재정이 차고 넘치는 교회가 아니다. 성도들의 사랑이 끈끈한 교회다. 건강한 교회의 기초가 바로 성도들의 사랑이기 때문이다.

특별히 바울은 이와 같은 영적인 원리를 설명하기 위해 두 가지 이미지를 사용하고 있다. 첫째 이미지는 '식물학적인 이미지'(한 그루의 나무), 둘째 이미지는 '건축학적인 이미지'(건물)이다. 이 두 이미지의 핵심적인 공통점은 바로 견고함이다. 땅 속 깊이 뿌리를 내린 나무는 어떤 비바람에도 흔들리지 않는다. 든든한 기초 위에 세워진 건물은 거센 강풍이 불어닥쳐도 무너지지 않는다. 두 가지 경우 모두 그들의 안정적인 견고함을 유지시켜 주는 원동력은 하나다. 바로 사랑이다.

그러므로 사랑이란 무엇인가? 사랑이란 교회라고 하는 나무가 견고하게 뿌리를 내릴 수 있는 '토양'이요, 교회라고 하는 건물이 든든하게 세워질 수 있는 '기초'다. 이것을 약간 다르게 표현하면, 성도들의 사랑이 교회를 견고하게 만든다. 외부에서 어떤 비바람이 불어닥쳐도 흔들림이 없는 교회가 되게 하는 것은 바로 성도들의 사랑이다.

생각해 보라. 세상에 사랑보다 더 강한 것이 있는가? 사랑만큼 우리에게 활기를 불어 넣어 주는 것은 없다. 사랑은 사람에게 일을 하게 하고, 몰두하게 만든다. 세상에 사랑보다 더 강력한 에너지는 없다. 야곱은 그의 형 에서의 격노를 피하여 외갓집으로 도망갔다. 거기서 삼촌 라반과 그의 가족들과 함께 지내다가 라반의 딸 라헬을 사랑하게 되었다. 라헬과 결혼하는 조건으로 7년간 라반을 위해 일하기로 한 야곱. 그러나 라반은 약속한 7년이 지난 후에 라헬을 주지 않고 라헬의 언니 레아를 아내로 줬다. 라반은 7년을 추가적으로 더 일할 것을 제안한다.

> 야곱이 라헬을 위하여 칠 년 동안 라반을 섬겼으나 그를 사랑하는 까닭에 칠 년을 며칠같이 여겼더라(창 29:20).

무슨 일이든 사랑으로 하면, 설령 그것이 종살이라 할지라도 7년을 7일같이 여기게 되는 것이다.

심지어 사랑은 죽음보다 강하다. 그래서 사랑은 대신 죽을 수도 있게 만든다. 사랑은 이 세상에서 가장 강한 힘이다. 교회는 바로 이 사랑의 기초 위에 세워져야 하는 것이다. 그때 사망의 권세가 이기지 못하는 교회가 될 수 있다. 그러므로 교회가 성장한다는 것은 본질적인 의미로 교회의 성도 수가 성장하는 것을 의미하는 것이

그리스도인으로 잘 사는 법

아니라, 성도들의 사랑이 성장하는 것을 의미하는 것이다. 바울은 에베소 교회를 위해 바로 그것을 기도하고 있다.

"에베소 교회 성도들의 속사람을 성령으로 강건하게 해 주셔서 그들의 사랑이 더욱 강건해지게 하옵소서. 그들의 사랑이 더욱 성장하고 자라나게 하옵소서. 그래서 에베소 교회가 음부의 권세가 이길 수 없는 그리스도의 몸 된 교회로 날마다 성장해 가게 하옵소서."

부흥은 사랑에서 시작한다

그렇다면, 성도들의 사랑은 어떠해야 하는가? 어느 날 한 율법사가 예수를 시험하기 위하여 다음과 같은 질문을 던졌다.

"선생님, 율법 중에서 어느 계명이 가장 큽니까?"

그러자 예수님이 대답하셨다.

"네 마음을 다하고 목숨을 다하고 뜻을 다하여 주 너의 하나님을 사랑하라."

우리의 영성이 건강하게 성장하고, 그래서 우리의 교회가 건강하게 성장하기 위해서는 하나님을 향한 사랑이 성장해야 한다. 마음을 다하고 목숨을 다하고 뜻을 다해 하나님을 사랑해야 한다. 그 다음에 예수님은 "네 이웃을 네 몸같이 사랑하라"고 말씀하셨다. 하나님을 향한 우리의 사랑이 성장하면 반드시 이웃에 대한 사랑도 성장해야 한다. 그래서 요한은 "누구든지 하나님을 사랑하노라 하고 그 형제를 미워하면 이는 거짓말하는 자니"(요일 4:20)라고 말씀했다.

교회의 성장은 곧 하나님 사랑의 성장이다. 하나님 사랑의 성장은 곧 이웃 사랑의 성장이다. 그렇다면 이웃 사랑은 어디까지 성장해야 하는가? 우리의 이웃 사랑은 '원수 사랑'으로까지 성장해야 한다.

44 나는 너희에게 이르노니 너희 원수를 사랑하며 너희를 박해하는 자를 위하여 기도하라 45 이같이 한즉 하늘에 계신 너희 아버지의 아들이 되리니 이는 하나님이 그 해를 악인과 선인에게 비추시며 비를 의로운 자와 불의한 자에게 내려주심이라 46너희가 너희를 사랑하는 자를 사랑하면 무슨 상이 있으리요 세리도 이같이 아니하느냐 47 또 너희가 너희 형제에게만 문안하면 남보다 더하는 것이 무엇이냐 이방인들도 이같이 아니하느냐(마 5:44-47).

교회가 더욱 건강하게 성장하기 위해서 우리는 이와 같은 사랑을 성장시켜 가야 한다. 우리를 저주하며 내게 거짓으로 말하는 원수들을 사랑하며 축복하고 있는가? 내가 그들을 사랑한다고 정직하게 말할 수 있을 때까지 만족해서는 안 된다.

바람이 세차게 부는 궂은 날씨에 혼자 해변에 서서 1시간 이상을 머물러 본 적이 있다. 강력한 파도가 절벽이나 바위에 부딪히더니 뒤로 물러갔다가는 다시 더 강한 힘으로 되돌아온다. 그러나 아

그리스도인으로 잘 사는 법

무 일도 없었던 것처럼 바위는 동요하지 않는다. 우리의 사랑이 그런 바위와 같은 사랑이 되어야 한다. 상대의 어떠함에 따라 변덕을 부리는 사랑은 반석 위에 세워진 것이 아니다. 변하는 것이 보일 때 같이 변하고, 상대방이 식으면 따라서 같이 식는 것 또한 성숙한 사랑이 아니다. 폭풍우가 세차게 불어닥쳐도 군건한 반석처럼 끄떡없는 것이 참된 사랑이다. 바울은 사랑은 "모든 것을 참으며 모든 것을 믿으며 모든 것을 바라며 모든 것을 견디느니라"(고전 13:7)라고 말한다.

그렇다면 어떻게 그런 견고한 사랑을 가질 수 있게 될까?

> [18] 능히 모든 성도와 함께 지식에 넘치는 그리스도의 사랑을 알고 [19] 그 너비와 길이와 높이와 깊이가 어떠함을 깨달아 하나님의 모든 충만하신 것으로 너희에게 충만하게 하시기를 구하노라(엡 3:18-19).

지식에 넘치는 그리스도의 사랑을 깨달아 아는 일에 힘쓸 때 우리는 견고한 사랑을 할 수 있다. 그리스도의 사랑은 모든 사람을 품을 만큼 넓고 길다. 사람을 가리지 않고, 판단하지 않고, 재지 않고 누구든지 품고 사랑해 주신다. 이것이 그리스도의 사랑의 너비와 길이다.

우리는 사랑할 만한 사람만을 골라서 사랑한다. 내가 사랑하는 사람들의 조건, 유형이 있다. 그 벽을 허물어야 한다. 우리는 우리가 사랑하는 대상을 더욱 넓혀 가야 한다. 예수님이 사랑하셨던 사람들을 보라. 그들은 세상이 쉬쉬하는 문둥병자, 앉은뱅이, 세리, 귀신 들린 자 등이었다. 그러므로 우리가 그리스도의 사랑의 너비와 길이와 높이와 깊이를 온전히 깨달아 알게 될 때, 그래서 우리가 더욱 서로 사랑하는 사랑 안에 뿌리가 박히고 터가 굳어질 때 우리 안에서 하나님의 모든 충만하신 것들이 더욱 충만해져 가게 되는 것이다.

하나님의 사랑을 아는 지식은 혜택받은 소수만이 누리는 특권이 아니다. 모든 참된 신자에 대한 성령의 일반적이고 보편적인 사역이다. 그러나 우리는 성령의 일상적이고 일반적인 사역은 무시하고 특별하고 산발적이며 보편적이지 않은 은사들, 예컨대 치유와 방언 같은 은사에 열중한다. 고린도 교회 성도들도 그랬던 것 같다. 그래서 바울은 아무리 천사의 말을 한다고 해도 사랑이 없으면 아무것도 아님을 역설하고 있다(고전 13:1-3).

부흥에 대한 관심이 새로운 고린도주의로 향한다면 비극이다. 부흥에 대한 올바른 관심은 방언을 동경하는 것에서 표현되는 것이 아니라 하나님의 사랑이 더 큰 능력으로 우리 마음에 부은 바 되기를 열망하는 데서 표현될 것이다. 우리가 방언을 하는가 하지 않는가는 전혀 중요하지 않다.

성령으로 말미암은 속사람의 강건함이란 결국 우리를 향하신 하나님의 사랑을 깊이 깨달아 그 사랑으로 하나님을 더욱 사랑하고, 우리의 이웃을, 나아가 원수까지도 진심으로 사랑하는 사랑의 사람으로 성장하는 것이다. 속사람이 강건한 사람은 사랑하는 사람이다. 그와 같은 성도들의 사랑의 기초 위에 건강한 교회가 견고하게 세워지는 것이다. 그것을 위해 모든 성도가 함께 부르짖어야 한다.

> [20] 우리 가운데서 역사하시는 능력대로 우리가 구하거나 생각하는 모든 것에 더 넘치도록 능히 하실 이에게 [21] 교회 안에서와 그리스도 예수 안에서 영광이 대대로 영원무궁하기를 원하노라 아멘(엡 3:20-21).

chapter 15

성숙하지 않으면 죽은 것입니다

_ 마 14:22-33

신약 성경에서 크리스천의 삶에 관해 가르치는 교훈 중 가장 중요한 것은 '영적 성숙'이다. 영적 성숙은 사도들의 최고 관심사였고, 신약 성경에 기록된 사도들의 가르침의 핵심 중 핵심이다.

그럼에도 많은 그리스도인이 성숙한 그리스도인으로 성장하는 일을 대수롭지 않게 생각하는 듯하다. "하나님 믿고 구원받았으면 됐지, 꼭 성숙한 그리스도인이 되어야 하나?" 하는 생각을 가지고 신앙생활을 하는 것이다. 그러나 이 같은 생각은 대단히 잘못되었다. 그리스도인의 영적 성숙은 선택이 아니라 필수다. 생명이 있는 것의 가장 중요한 특징은 성장과 성숙이다. 생명체가 성장하지 않고 있다는 것은 두 가지 경우밖에 없다. 심각한 병에 걸려 있거나, 아니면 죽어 있는 경우다. 그러므로 우리가 영적으로 성장하지 않고 있다는 것은 설령 아직 살아 있더라도 언제 죽을지 모르는 심각한 병에 걸려 있는 상태라는 방증이다.

내가 영적으로 죽어 있거나 병들어 있다면 그것은 누구에게 가장 해로운 일인가? 당연히 본인이다. 병이 들면 나만 고통스럽다. 그러다 죽으면 내가 제일 억울하다. 그러므로 영적 성숙은 다른 사람을 위해서가 아니라 자기 자신을 위해서 너무나 중요하고 시급한 일이다. 내가 병에 걸려 죽을 지경이 되었는데 그것을 대수롭지 않게 생각한다면 그것이 정상적인 사고방식인가? 육적인 건강을 위해서도 우리가 그렇게 애를 쓰는데 하물며 모든 생명의 원천인 영혼의 건강을 위해 애써야 하는 것은 두말할 필요도 없다.

개인의 영적 성숙은 공동체를 위해서도 너무나 중요한 일이다. 건강한 교회란 건강한 성도가 많은 교회. 성도가 영적으로 성장할 때 그가 속한 교회도 영적으로 성장한다.

1세기 초대 교회에는 성숙을 특별히 강조해야 할 만큼 미성숙으로 인한 혼란이 가득했다. 온갖 위험 신호에 위기감을 느낀 사도들은 그리스도인의 영적 성숙을 위해 그리스도인의 삶의 근본들을 다시 강조해야만 했다.

[1] 그러므로 우리가 그리스도의 도의 초보를 버리고 죽은 행실을 회개함과 하나님께 대한 신앙과 [2] 세례들과 안수와 죽은 자의 부활과 영원한 심판에 관한 교훈의 터를 다시 닦지 말고 완전한 데로 나아갈지니라(히 6:1-2).

그리스도의 '도의 초보'를 버리고 '완전한 데'로 나아가야 한다.

그렇다면, 좀 더 구체적으로 영적 성숙이란 무엇인가?

성숙한 믿음은 행함에서 나온다

하나님의 말씀을 귀로 듣는 것으로 그치는 것이 아니라, 그 말씀대로 행하는 '행함의 성장'이 있는 것이 바로 영적 성숙이다.

> 내 형제들아 만일 사람이 믿음이 있노라 하고 행함이 없으면 무슨 유익이 있으리요 그 믿음이 능히 자기를 구원하겠느냐(약 2:14).

믿는 바를 그대로 행할 때 우리에게 유익이 있다. 그러므로 행함이 성장하게 되면 그만큼 우리를 위한 유익도 성장한다. 행함이 있는 믿음이 우리를 가난과, 실패와, 절망과 슬픔으로부터 구원하는 유익을 주는 것이다. 들은 말씀을 행위와 결부시킬 때만 우리는 말씀의 권능을, 그 말씀의 성취를 경험하는 유익을 누리게 된다.

> 나더러 주여 주여 하는 자마다 다 천국에 들어갈 것이 아니요 다만 하늘에 계신 내 아버지의 뜻대로 행하는 자라야 들어가리라(마 7:21).

바울을 비롯한 신약 성경의 저자들은 초대교회가 마치 모래 위에 지은 집과 같이 되어 가는 모습에 심각한 위기 의식을 느꼈다. 물론 그리스도인의 삶이 완전해야 한다는 의미는 아니다. 진리의 완전한 실천에 이르지 못했다고 해서 그 사람을 그리스도인으로 인정하지 말자는 것도 아니다. 만일 그런 사람을 그리스도인으로 인정하지 않는다면 우리 가운데 그리스도인은 한 사람도 없을 것이다.

다만 우리는 완전한 상태를 최종의 목표로 설정해 놓고 계속해서 달려가야 한다. 물론 육체를 입고 있는 동안에는 어느 누구도 끊임없는 열심으로 계속해서 전진할 만한 힘도 없고, 대부분이 연약함에 눌려서 머뭇거리고 뒷걸음질하고 심지어 넘어지기까지 하며 아주 느릿느릿 나아가는 것이 사실이다. 그러나 아무리 연약한 그리스도인이라 할지라도 매일매일의 여정에서 조금씩은 전진할 수 있는 법이다. 그러므로 절대로 포기하지 말고 날마다 주님의 길을 걸으며 전진하도록 하자.

이와 같은 영적 성숙을 위해서 가장 필요한 것이 바로 '시련'이다. 성숙은 시련을 통해 이뤄진다. 영적 성장은 얼마나 높이 도달했느냐보다 그 높이에 이르기 위해 어떤 '장애물'을 극복했느냐로 결정된다. 장애물을 극복하는 과정에서 우리의 믿음은 성장하고 성숙한다. 시련 속에서 하나님의 말씀대로 순종하기 위해 발버둥 치는 과정을 통해 영적 성숙이 이뤄진다.

예수님은 오병이어 사건 이후에 즉시 제자들을 재촉하셔서 배를 타고 바다를 건너가게 하신다. 그리고 예수님은 무리를 보내신 후에 기도하러 산에 오르신다. 그때 제자들이 탄 배가 곤경에 처한다.

²³ 무리를 보내신 후에 기도하러 따로 산에 올라가시니라 저물매 거기 혼자 계시더니 ²⁴ 배가 이미 육지에서 수 리나 떠나서 바람이 거스르므로 물결로 말미암아 고난을 당하더라(마 14:23-24).

장애물의 연속이다. 예수님은 제자들의 영적 성숙을 위해 계속해서 장애물을 제공하신다. 이와 같이 예수님은 우리의 영적 성숙을 위하여 삶 속에 깊이 관여하시며 재촉하여 일하고 계신다. 시련이 있는가? 오천 명을 먹여야 하는데 떡 다섯 개, 물고기 두 마리밖에 없는가? 폭풍우를 만나 배가 뒤집힐 것 같은가? 이 모든 것이 우리의 영적 성숙을 재촉하시기 위한 주님의 섭리다. 삶에 주어진 시련을 새로운 관점으로, 올바른 관점으로 바라보게 되기를 기도한다.

시선을 예수님에게만 집중하라

영적 성숙이란 우리의 영적인 시선을 예수님에게만 집중할 수 있는 '영적 집중력'이다.

²⁵ 밤 사경에 예수께서 바다 위로 걸어서 제자들에게 오시니 ²⁶ 제자들이 그가 바다 위로 걸어오심을 보고 놀라 유령이라 하며 무서워하여 소리 지르거늘 ²⁷ 예수께서 즉시 이르시되 안심하라 나니 두려워하지 말라 (마 14:25-27).

그리스도는 폭풍이 부는 바다 위를 밟고 서 계실 수 있는 분이다. 그런 분이 두려워하지 말라, 안심하라 말씀하신다.

²⁸ 베드로가 대답하여 이르되 주여 만일 주님이시거든 나를 명하사 물 위로 오라 하소서 하니 ²⁹ 오라 하시니 베드로가 배에서 내려 물 위로 걸어서 예수께로 가되 ³⁰ 바람을 보고 무서워 빠져 가는지라…(마 14:28-30).

베드로는 예수님의 명령대로 배에서 내려 물 위로 걸어서 예수님께로 걸어갔다. 그러나 갑자기 바람이 불어 바다에 물결이 치자 그는 예수님으로부터 눈을 떼어 바람과 파도를 바라봤다. 그러자 물속으로 가라앉기 시작했다. 시선의 문제다. 바다를 밟고 서 계신 그리스도만을 바라봐야 한다. 그래야 나도 바다를 밟고 설 수 있다. 우리의 영적 권능은 영적 시선에 달려 있다. 그리스도께만 집중할 수 있는 '영적 집중력', 이것이 바로 영적인 성숙이다.

그리스도를 바라보아야 할 때가 따로 있는 것이 아니다. 그리스도인들은 언제나 주님을 바라보며 살아가야 한다. 그러나 더 특별히 그리스도를 바라봐야 할 때가 있다. 폭풍우가 불어닥치는 시련이 오는 때다. 군인이 나라를 위해 항상 충성하지만 전쟁이 나면 더욱 충성해야 하는 것과 마찬가지다. 만약 그 상황에서 영적 집중력을 잃어버리게 된다면 휘몰아치는 환경의 소용돌이에 빠져 버리고 말 것이다.

예수님은 '목숨을 위하여 무엇을 먹을까, 몸을 위하여 무엇을 입

을까' 세상일로 염려하는 성도들에게 그 모든 염려를 이겨 낼 훈련
법을 가르쳐 주신다.

> [26] 공중의 새를 보라 심지도 않고 거두지도 않고 창고에 모아들이지도 아
> 니하되 너희 하늘 아버지께서 기르시나니 너희는 이것들보다 귀하지 아
> 니하냐 [27] 너희 중에 누가 염려함으로 그 키를 한 자라도 더할 수 있겠느
> 냐 [28] 또 너희가 어찌 의복을 위하여 염려하느냐 들의 백합화가 어떻게 자
> 라는가 생각하여 보라 수고도 아니하고 길쌈도 아니하느니라(마 6:26-28).

하나님은 우리의 아버지이시고 우리는 그분의 자녀다. 세상만
사가 하나님의 손안에 있고, 우리는 그분의 돌보심을 받는 자녀라
는 이 한 가지 사실만을 기억한다면, 세상 어떤 염려의 소용돌이라
도 빠지지 않고 그 위를 밟고 서 평안과 기쁨을 누릴 수 있게 될 것
이다.

> [30] … 소리 질러 이르되 주여 나를 구원하소서 하니 [31] 예수께서 즉시 손을
> 내밀어 그를 붙잡으시며 이르시되 믿음이 작은 자여 왜 의심하였느냐 하
> 시고 [32] 배에 함께 오르매 바람이 그치는지라(마 14:30-32).

베드로는 물속으로 가라앉는다는 것을 느끼자마자 곧 주님께 소
리쳤다. 그리고 예수님은 즉시 그에게 손을 내밀어 그를 붙잡으시
며 "믿음이 작은 자여 왜 의심하였느냐" 하셨다. 우리의 영적 시선

그리스도인으로 잘 사는 법

이 그리스도에게 집중되지 않으면 우리는 '의심의 파도'에 삼켜진다. 그러면 걷잡을 수 없는 염려와 공포에 빠진다. 그때 우리의 빼앗긴 영적 시선을 다시 회복하여 그리스도에게 집중할 수 있는 구원책이 바로 기도다. 영적 집중력이란 바로 '기도'를 의미한다. 바울은 항상 기뻐하고, 범사에 감사하라고 말한다(살전 5:16). 그렇게 할 수 있는 삶의 비결이 무엇인가? 바로 쉬지 않고 기도하는 삶에 있다.

영적 성숙은 자기 부인이다

자기 부인은 곧 자기의 능력과 지혜를 믿는 믿음을 부인하고 오직 그리스도의 지혜와 능력을 믿는 믿음 안에서 사는 것을 의미한다. 이것이 곧 그리스도인의 영적 성숙이다.

영적 시선이 그리스도로부터 떨어져 나오는 순간 베드로는 폭풍을 보았다. 그리고 그는 바다를 밟고 선 '자기 자신'을 보았다. 결코 바다를 딛고 설 수 없는, 인간 베드로를 본 것이다. 그순간 자기도 모르게 자기 지혜와 능력을 의지하게 되었다. 그리스도의 권능은 빠져나가고 폭풍 속으로 빨려 들어가게 된 것이다. 즉 자기 부인에 실패했다.

베드로가 자기 부인에 실패한 이유는 하나다. 그것이 '인간의 본성'이기 때문이다. 좀 더 정확하게 표현하면, 그것이 인간의 타고난 죄성이기 때문이다. 스스로 하나님과 같이 되고자 하는 인간의 본성. 생명의 원천이 되신 하나님을 버리고 인간 스스로 터진 웅덩이를 파고자 하는 인간의 죄성. 폭풍을 잠잠케 할 수 없는 인간이 폭풍 앞에서 인간 자신을 의지하고자 하는 본성. 그와 같은 본성 때문에 자기 부인에 실패하는 것이다. 새는 날고자 하는 본성, 사자는 잡아 먹는 본성, 물고기는 헤엄치는 본성을 갖고 있듯이 인간은 스스로를 하나님처럼 믿고 의지하는 본성을 가지고 있다.

이 본성을 버리는 것이 자기 부인이다. 자기 부인을 위해서는 이 본성을 버려야 하는 것이다. 자기 부인은 절대로 저절로 이뤄지지 않는다. 본성을 바꿔야 하기 때문이다. 그래서 자기 부인을 위해서 반드시 필요한 것이 있다 바로 십자가다. 십자가 위에서 죽고 새로운 본성으로 다시 태어나야 한다.

맞춤형 십자가를 질 때 성숙한다

우리는 본성적으로 육체를 의지하려는 습성이 있다. 그래서 육체의 힘이 가진 연약함이 분명하게 드러나지 않는 한 우리는 어리석고 헛된 믿음에 빠져서, 마치 예수님의 은혜가 전혀 필요 없고 오로지 우리 능력만으로 충분한 것처럼 교만에 빠진다. 이런 인간의 오만방자함을 누를 수 있는 길은 하나, 십자가다.

인간의 능력이라는 것이 얼마나 보잘것없고 무능한 것인지를 경험적으로 깨닫게 하는 치욕의 십자가, 가난의 십자가, 질병의 십자가를 지게 하시는 것이다. 우리의 삶을 위에서부터 짓누르는 거대한 십자가가 내 어깨에 지어져 있을 때 비로소 우리의 교만과 오만 방자함이 짓눌려질 수 있는 것이다.

아무리 거룩한 하나님의 사람이라 할지라도, 하나님의 은혜로 말미암아 서 있다는 사실을 아무리 잘 알고 있다 하더라도, 우리 모두는 십자가의 고난을 통해서 자기의 연약함에 대해 더 철저한 지식을 가져야만 한다. 그렇지 않으면 나도 모르게 자신의 지혜와 능력을 믿고 높이는 영적 안일함에 빠진다. 그러니 지나치게 풍부한 재산으로 방탕해지지 않도록, 명예 때문에 우쭐해져서 교만에 빠지지 않도록, 육체적으로나 정신적으로나 여러 가지 잘난 점들 때문에 들떠서 거만에 빠지지 않도록 주의하라.

예수님은 친히 십자가를 사용하셔서 우리의 육체의 교만을 꺾으시고 굴복시키시되 사정과 경우에 합당하게 여러 가지 다양한 방법을 사용하신다. 모든 사람에게 똑같은 치료법이 똑같은 정도만큼 필요한 것이 아니다. 사람마다 걸리는 질병도 다르고 또한 그 병에 고통을 당하는 정도도 다르다. 그래서 사람마다 다른 방식으로 십자가의 시련을 받는다. 하늘의 의사이신 하나님이 어떤 사람은 좀 부드럽게 치료하시고 또 어떤 사람은 고통스런 치료법을 사용하지만, 그 목적은 모든 사람을 치료하는 데 있다. 그러나 하나님이 손을 대시지 않고 그냥 내버려 두시는 사람은 없다. 왜냐하면 이 병에 걸리지 않은 사람은 한 사람도 없기 때문이다.

사명을 위해 살라

영적 성숙이란 이 세상의 삶에 대한 과도한 애착을 버리고 '사명'을 위해 사는 것이다. 우리 각자에게 주어진 십자가는 자기 부인을 통한 영적 성숙을 이뤄 낼 뿐 아니라, 우리가 현재의 삶에 대한 과도한 애착을 끊어 내고 하나님 나라에서의 삶을 바라고 소망하도록, 우리 삶의 무게 중심을 이 세상에서 죽음 이후의 삶으로 이동시켜 준다.

하나님은 이 세상을 향한 우리의 애착이 얼마나 강력한지를 잘 알고 계신다. 부귀와 권력과 명예의 허망한 빛에 눈이 멀어서 탐욕과 야망과 욕심의 바다 속에 완전히 빠져 가라 앉은 상태이기 때문에, 그것들 위로 올라서서 그리스도의 영원한 나라와 유업을 위해 살아가지 못하고 있다.

> 13 들으라 너희 중에 말하기를 오늘이나 내일이나 우리가 어떤 도시에 가서 거기서 일 년을 머물며 장사하여 이익을 보리라 하는 자들아 14 내일 일을 너희가 알지 못하는도다 너희 생명이 무엇이냐 너희는 잠깐 보이다가 없어지는 안개니라(약 4:13-14).

이와 같은 어리석은 상태로부터 깨어나게 하시기 위하여 주님은 이 세상의 온갖 비참한 삶들을 증거로 제시함으로써 그의 백성들이 이 세상의 삶이 헛되다는 것을 분명히 깨닫도록 하신다. 단순히 말로해서는 제대로 깨닫지 못하기 때문에 실제로 경험하게 하시는 것이다.

삶이란 것이 풍파가 많고 온갖 면에서 부패해 있으며 어떠한 점에서도 복된 것이 아니라는 사실, 이 세상에서 복이라고 여겨지는 모든 것이 불확실하며 덧없고 허망하며 또한 악과 뒤섞여 있어서 해롭다는 것을 깨닫게 되면, 그때 비로소 우리의 영적 시선이 바다가 아니라 바다를 밟고 서 계신 그리스도와 하나님 나라를 향하게 되는 것이다.

그러나 그런 생각만을 갖는 것은 우리에게 아무런 유익이 없다. 왜냐하면 그런 생각과 행동은 그저 절망 가운데서 나온 것뿐이다. 그러므로 성숙한 성도는 죽을 인생을 생각하며 그 비참한 상태를 깨닫는 동시에 천국의 영원한 삶을 사모하는 일에 더 깨어 있어야 한다. 이 땅의 삶에 대한 지나친 애착이 사라지는 것과 비례해서 더 나은 삶을 사모하는 마음이 늘어나야 한다. 장차 올 영원한 삶과 비교할 때에 현재의 삶은 무시해 버려도 무방할 뿐 아니라 오히려 철저하게 경멸하고 싫어하는 것이 마땅하기 때문이다.

하늘이 우리의 본향이라면 이 땅은 우리가 사로잡혀 있는 유배지가 아니고 무엇인가? 이 세상을 떠나는 것이 생명으로 들어가는 길이라면 세상은 무덤이 아니고 무엇이겠는가? 육체에서 벗어나는 것이 충만한 자유를 얻는 일이라면 육체가 감옥이 아니고 무엇이란 말인가? 그러나 많은 그리스도인이 죽음을 두려워하면서 죽음에 대해 이야기하는 것조차 불길한 징조로 생각한다.

물론 우리가 죽어서 사라진다는 말을 들을 때에 본성적으로 다소간 충격을 느끼는 것은 당연하다. 그렇지만 그보다 더 큰 위로로 그 두려움을 극복하고 이길 수 있는 소망의 빛이 그리스도인의 마음에 없다면 그것은 정말로 묵과할 수 없는 심각한 문제다. 로마서 8장에서 바울이 말씀하고 있는 것처럼, 낮고 천한 짐승이나 나무나 돌같이 생명이 없는 피조물까지도 그들의 현재의 허망한 처지를 의식하고 마지막의 부활을 사모하며 하나님의 아들들과 함께 썩어짐의 종노릇하는 것에서부터 해방되어 구원받기를 바라고 있는데, 정작 인간인 우리 안에 그와 같은 소망과 열망이 없다면 그것은 가볍게 넘어갈 수 없는 대단히 심각한 문제인 것이다.

죽음과 마지막 부활의 날을 기쁨으로 사모하지 못하는 삶은 갓난아기와 같이 영적으로 전혀 성장하지 못한 사람이다. 본성적으로는 죽음을 두려워한다 할지라도 우리가 더더욱 천국의 영원한 삶을 사모해야 하는 것은 당연한 일이다. 그것이 영적 성숙이다. 이것을 깨닫게 될 때 우리는 이 땅에서 살아가는 삶을 혐오하거나 무가치하게 생각하는 것이 아니라, 오히려 삶을 허락하신 하나님의 분명한 목적, 즉 사명을 깨닫게 된다. 아무 것도 잡은 것이 없어 염려와 걱정에 사로잡혀 있던 삶에서, 모든 세상적 가치를 버려 둔 채 그리스도의 사명을 따라가는 삶으로 변화하는 것, 이것이 영적 성숙이다.

chapter 16

자족할 때 평안합니다

_ 빌 4:10-20

빌립보 교회는 바울이 주후 49~52년에 진행한 제2차 전도 여행 중에 세운 교회다. 바울은 이때 실라와 디모데 그리고 누가와 함께 빌립보를 방문했다. 바울은 본래 비두니아로 가기를 원했지만, 드로아에서 한밤중에 환상을 보게 된다. 그 환상 속에서 바울은 마게도냐 사람 하나가 서서 마게도냐로 건너와 자신들을 도와 줄 것을 간청하는 모습을 보게 된다.

이 환상을 통해 성령 하나님의 뜻을 확인한 바울은 마게도냐 지방의 가장 큰 도시인 빌립보에 도착한다(행 16:7-12). 그리고 그곳에서 자주색 옷감 장수였던 루디아를 만나 전도했고, 그후 바울은 루디아의 집에서 교회를 개척했다. 그 교회가 바로 빌립보 교회다.

빌립보 교회의 성도들은 바울이 로마 감옥에 투옥되었다는 소식을 듣고는 십시일반 모은 헌금을 에바브로디도를 통해 바울에게 전달했다. 에바브로디도를 통해 빌립보 교인들의 헌금을 전달받은 바울은 빌립보 교회 성도들에게 자신의 감사한 마음을 전달하기를 원했는데, 그것이 바로 바울이 빌립보서를 쓰게 된 직접적인 동기다.

> 내가 주 안에서 크게 기뻐함은 너희가 나를 생각하던 것이 이제 다시 싹
> 이 남이니 너희가 또한 이를 위하여 생각은 하였으나 기회가 없었느니라
> (빌 4:10).

먼저 바울은 자신이 빌립보 교회 성도들의 헌금을 전달받고 얼마나 기뻤는지를 전하고 있다. 그러나 동시에 바울의 마음 한쪽에는 빌립보 성도들에게 괜한 오해를 불러일으키게 되지는 않을까 염려하는 마음이 있었다. 어떤 오해인가?

> 내가 궁핍하므로 말하는 것이 아니니라 어떠한 형편에든지 나는 자족하
> 기를 배웠노니(빌 4:11).

'바울이 빌립보 교인의 선물을 전달받고 그렇게 기뻐했던 이유가 바울의 궁핍함 때문이었다'라는 오해다. 바울이 빌립보 교회 성도들의 선물을 받고 크게 감동한 것은 분명하다. 그러나 바울이 감동한 이유는 궁핍했기 때문은 아니었다. 왜냐하면 바울은 그들의 도움을 기대해 본 적도 없고, 그들의 도움을 마음속으로 의존해 본 적도 없고, 그래서 그들의 도움에 대한 필요를 느껴 본 적도 없었기

때문이다. 왜냐하면 바울은 어떠한 형편에든지 자족하기를 배운 사람이었기 때문이다.

그래서 바울은 빌립보 교인들에게 자신의 감동과 감사의 마음을 전하면서도 그들의 헌금이 굳이 필요하지 않았다는 사실을 함께 알려 주기를 원했다. 빌립보 교회 성도들의 도움이 너무나 감사한 것은 사실이지만, 동시에 자신은 그들의 도움을 전혀 의존하지 않고 있다는 사실 역시 분명하게 알려 주기를 원했다. 왜냐하면, 바울은 어떠한 형편에든지 그리스도 안에서 자족하기를 배운 사람이었기 때문이다. 바울은 자신의 감사 편지를 통해 바로 이 사실을 빌립보 교회 성도들과 우리 모두에게 가르쳐 주기 원하고 있는 것이다.

그렇다면, 자족이란 무엇인가?

자족하는 마음이 물 위를 걷게 한다

나는 비천에 처할 줄도 알고 풍부에 처할 줄도 알아 모든 일 곧 배부름과 배고픔과 풍부와 궁핍에도 처할 줄 아는 일체의 비결을 배웠노라(빌 4:12).

자족이란 외적인 상황이나 조건 때문이 아니라, 어떤 형편에 있든지 영적 시선을 하나님께만 고정함으로써 마음의 평안과 만족을 유지할 수 있는 마음의 상태를 말한다. 바로 이 자족하는 마음이 모든 그리스도인이 도달해야 할 영적 성숙의 목적지요 목표다.

성경에서 '자족' 하면 떠오르는 두 사람이 있다. 신약의 바울과 구약의 다윗이다.

> [1] 나의 영혼이 잠잠히 하나님만 바람이여 나의 구원이 그에게서 나오는도
> 다 [2] 오직 그만이 나의 반석이시요 나의 구원이시요 나의 요새이시니 내
> 가 크게 흔들리지 아니하리로다(시 62:1-2).

바로 이와 같은 마음이 자족이다. 자족에 대한 가장 완벽한 정의
다. 다윗은 어떻게 이와 같은 자족하는 마음을 가질 수 있게 되는지
가르쳐 주고 있다.

> [7] 나의 구원과 영광이 하나님께 있음이여 내 힘의 반석과 피난처도 하나님
> 께 있도다 [8] 백성들아 시시로 그를 의지하고 그의 앞에 마음을 토하라 하
> 나님은 우리의 피난처시로다(셀라)(시 62:7-8).

내 영적인 시선이 하나님만을 잠잠히 바라볼 때 하나님의 능력
이 내 삶 속에 흘러들어 와 요동을 치던 마음을 잠잠하게 다스려 주
신다. 바로 그와 같은 마음의 상태가 자족이다. 반대로 나의 영적인
시선이 하나님만을 잠잠히 바라보지 않고 바람 불고 파도 치는 형
편과 상황을 바라보게 되면 그 바람과 파도가 내 마음 속으로 까지
흘러들어 와 모든 생각을 삼켜 버리게 된다. 그때 우리의 마음은 평
온함을 잃어버리고 결국 자족하는 마음을 잃어버린다. 그럴 때 우
리는 결국 삶의 바람과 파도에 삼켜지는 것이다.

그리스도인으로 잘 사는 법

그런 의미에서 자족하는 마음은 하나님의 능력의 통로다. 하나님은 우리의 자족하는 마음을 통하여 기적을 베풀어 주신다. 우리는 "사람이 어떻게 물 위를 밟고 서 있을 수 있겠어요?" "내가 이 문제를 어떻게 밟고 일어나서 계속 앞을 향해 걸어 나갈 수 있겠어요?" 하고 말한다. '자연적인 마음'으로는 물 위를 걸을 수가 없다. 그러나 '자족하는 마음'은 우리가 물 위를 걸을 수 있게 만들어 준다. 자연적인 마음으로는 모든 상황과 문제를 밟고 그 위에 설 수가 없다. 그러나 자족하는 마음은 우리의 삶을 짓누르는 모든 문제와 상황을 밟고 그 위를 걷게 하는 능력을 준다. 왜냐하면 하나님의 전능하신 능력이 우리의 자족하는 마음을 통하여 삶 속에 흘러 들어오게 되기 때문이다.

그러므로 우리는 자족하는 마음을 회복해야 한다. 어떤 상황에서든 이 자족하는 마음을 유지하고 지켜 내야 한다. 그때 우리는 삶에 불어닥치는 모든 문제의 바람과 파도를 밟고 그 위에 서서 앞을 향하여 계속해서 전진할 수 있는 하나님의 능력을 체험하게 된다.

솔로몬은 모든 지킬만한 것 가운데서도 특별히 우리의 마음을 지킬 것을 강조했다. 왜냐하면 모든 생명이 인간의 마음에서부터 나오기 때문이다. 바꿔 말하면, 인간의 생명이 인간의 마음에 달려 있다는 것이다. 그러니까 다른 것을 지키려고 애쓰지 말고 오직 하나, 자신의 마음을 지키는 일에 힘을 쓰라고 가르치고 있는 것이다. 그렇다면, 우리가 지켜야 할 마음은 어떤 마음인가? 바로 자족하는 마음이다.

자족하는 마음을 배우라

그렇다면, 우리는 어떻게 자족하는 마음을 가질 수 있을까?

바울은 '자족을 배웠다'라고 말하고 있다. 자족은 타고나는 것이 아니라, 배워야 하는 것이다. 그렇다면 바울은 자족을 어떻게 배웠는가? 바로 삶의 경험을 통하여 배웠다. 어떤 삶의 경험인가? 비천했던 경험, 궁핍했던 경험이다. 그게 다가 아니다. 풍부했던 경험을 통해 배부르고 넉넉한 것이 무엇인지도 함께 배웠다. 왜냐하면 인간의 마음은 폭풍우가 몰아치는 바다에서만 요동치는 것이 아니라 넓고 푸른 초장에서도 요동치기 때문이다. 인간의 마음은 궂은 날씨에만 요동치는 것이 아니라 좋은 날씨에도 동일하게 요동치기 때문이다. 그래서 바울은 모든 상황과 형편 속에서 자신의 영적 시선을 오직 그리스도 한 분에게만 집중하는 영적인 집중력을 배울 수 있었다.

바울의 서신서에는 자족하는 마음을 배울 수 있었던 여러 삶의 경험들을 기록하고 있다. 그 대표적인 예가 고린도후서에 기록되어 있다.

7 여러 계시를 받은 것이 지극히 크므로 너무 자만하지 않게 하시려고 내 육체에 가시 곧 사탄의 사자를 주셨으니 이는 나를 쳐서 너무 자만하지 않게 하려 하심이라 8 이것이 내게서 떠나가게 하기 위하여 내가 세 번 주께 간구하였더니 9 나에게 이르시기를 내 은혜가 네게 족하도다 이는 내 능력이 약한 데서 온전하여짐이라 하신지라 그러므로 도리어 크게 기뻐함

으로 나의 여러 약한 것들에 대하여 자랑하리니 이는 그리스도의 능력이 내게 머물게 하려 함이라(고후 12:7-9).

바울에게 주어졌던 육체의 가시는 하나님이 바울에게 주신 놀라운 영적인 계시로 인해 자만에 빠질 수 있는 바울이 예수님만을 바라보게 만들었다. 예수님의 능력만을 의지하게 만들었다. 그리스도만을 바라보지 않고는 한 걸음도 뗄 수 없는 연약한 상태로 만들었다. 그러나 역설적으로 바울은 그와 같은 연약함 때문에 자만하는 마음이 아닌 자족하는 마음을 가질 수 있게 되었고, 그리스도의 능력이 그의 삶에 언제나 함께하실 수 있었던 것이다.

그러므로 내가 그리스도를 위하여 약한 것들과 능욕과 궁핍과 박해와 곤고를 기뻐하노니 이는 내가 약한 그 때에 강함이라(고후 12:10).

우리에게도 모두 가시가 있다. 가정에 가면 가정의 가시가 있고, 직장에 가면 직장의 가시가 있고, 교회에 가면 교회의 가시가 있고, 학교에 가면 학교의 가시가 있다. 어디를 가나 그곳에는 나를 위한 가시가 준비되어 있다. 왜냐하면 하나님은 자녀인 우리가 어떤 형편에든지 자족할 수 있는 마음을 배우기를 원하시기 때문이다.

그렇다면 우리는 어떻게 해야 하는가? 그 가시를 그대로 수용해야 한다. 가시의 목적과 의도를 깨닫고 적극적으로 감사함으로 받아들여야 한다. 삶의 다양한 가시를 받아 들여라. 우리는 그것을 통해 자족을 배우게 된다. 그것을 통해 우리의 상황에 따라 요동을 치는 자연적인 마음이 부서지고 어떤 형편에든지 잠잠히 하나님만을 바라게 되는 자족하는 마음을 가질 수 있게 된다.

내게 능력 주시는 자 안에서 내가 모든 것을 할 수 있느니라(빌 4:13).

바울은 평생토록 숱한 고난을 겪었고, 이 편지를 쓸 때도 그는 감옥에 갇혀 있었다. 그는 여러 가지로 좌절을 겪었다. 박해를 받았고 조롱과 멸시를 당했다. 게다가 언제 순교를 당할지도 알 수 없었다. 그럼에도 "나는 궁핍하지 않다. 나는 절망하지 않는다. 나는 모든 상황 속에서 모든 것을 감당할 수 있다"고 말하고 있다.

그 비결이 무엇인가? 내게 능력 주시는 자 안에 있기 때문이다. 내게 계속해서 이 모든 것을 감당할 수 있는 힘을 불어넣어 주시는 분 안에 있기 때문이다. 그래서 감옥 안에 있는 그가 오히려 감옥 밖에 있는 성도에게 "나는 모든 것을 능히 견딜 수 있고 참을 수 있다"라면서 도전하고 있는 것이다. 바울의 이와 같은 고백이 당시 여러 종류의 어려움을 겪고 있던 빌립보 교회 성도들에게 오히려 큰 위로와 힘이 되었을 것이다.

우리는 지금까지도 다양한 시험과 환난을 겪어 왔고 앞으로도 많이 겪게 될 것이다. 그래서 우리 모두도 하루 빨리 이와 같은 자족하는 마음을 배워야만 한다. 자족하는 마음을 훈련하고 배울 수 있는 구체적인 방법이 있다.

그리스도인으로 잘 사는 법

첫째, 우리의 외적인 상황과 형편은 항상 바뀌기 때문에 거기에 의존하는 삶을 살아가서는 안 된다(빌 4:11-12). 우리의 마음은 외적인 상황에 전적으로 의존하고 있다. 그래서 환경의 변화에 따라 요동을 친다. 그것이 바로 자연적인 마음이다. 이 자연적인 마음을 방치하지 말고 싸우라. 그렇지 않으면 상황이라고 하는 차꼬에 발이 단단히 묶이게 되고, 형편이라고 하는 감옥에 마음이 갇히게 될 것이다.

둘째, 어떤 형편에 처하든지 제일 중요한 것은 시선이다. 마음을 하나님께만 두어야 한다. 그래야 요동치는 마음을 평온하고 잠잠하게 붙잡을 수 있다. 그 방법이 바로 기도와 말씀 묵상이다.

셋째, 하나님은 나를 사랑하시는 분임을 기억해야 한다. 그러나 막상 세상에서 실패하고 무너지면, 재정이 텅비고 당장 내일 먹고 살 길이 막막해지면 우리는 이 사실을 잊는다. 과연 하나님이 살아계신 것이 맞는지 계속해서 믿음이 흔들린다. 그러나 하나님은 내게 일어나고 있는 모든 일들을 다 알고 계신다. 내 머리털까지 다 세고 계신다. 이 사실을 절대로 잊으면 안 된다.

넷째, 하나님이 하시는 모든 일은 전부 나의 유익을 위한 것이다. "우리가 알거니와 하나님을 사랑하는 자 곧 그 뜻대로 부르심을 입은 자들에게는 모든 것이 합력하여 선을 이루느니라"(롬 8:28)라고 했다.

다섯째, 그러므로 상황과 형편을 그 자체로만 볼 것이 아니라, 하나님이 내 영혼을 온전하게 만들어 마침내 완성시키는 '과정의 일환'으로 봐야 한다. 지금 내 형편이 어떠하든지 다 일시적인 것이고 지나가는 것에 불과하다.

> 6 그러므로 너희가 이제 여러 가지 시험으로 말미암아 잠깐 근심하게 되지 않을 수 없으나 오히려 크게 기뻐하는도다 7 너희 믿음의 확실함은 불로 연단하여도 없어질 금보다 더 귀하여 예수 그리스도께서 나타나실 때에 칭찬과 영광과 존귀를 얻게 할 것이니라(벤전 1:6-7).

그리스도인으로 잘 사는 법

chapter 17

하나님의 말씀을 청·종·복 하십시오

_ 잠 4:20-27

많은 사람이 "나는 그리스도인이다. 나는 예수님을 믿으니 구원받았다"고 주장한다. 그런데 예수님은 그렇게 말씀하지 않으신다.

청함을 받은 자는 많되 택함을 입은 자는 적으니라(마 22:14).

쉽게 말해, 세상에 예수 믿는다는 사람은 많지만, 실제 구원받은 사람은 적다는 말씀이다.

홍콩의 한 부동산 재벌이 아주 독실한 그리스도인인데 노아의 방주를 실제 사이즈로 만들어서 호텔 리조트 사업을 하고 있었다. 리조트 내부로 들어가 보니 규모가 정말 어마어마했다. 지금 기술로 생각해도 그 시대에 노아가 혼자 그 거대한 방주를 지었을 것 같지가 않다. 어쩌면 수백 명의 목수와 기술자들이 그 거대한 방주를 만드느라고 땡볕 아래서 무척이나 고생을 했을 것이다. 그들이 얼마나 여러 번 노아에게 물어봤겠는가?

"도대체 이 거대한 방주를 왜 짓는 거요?"

이 질문을 받을 때마다 노아는 또 얼마나 여러 번 대답해 줬겠는가?

"여호와께서 사람의 죄악이 가득함을 보시고 이 땅을 쓸어 버리기로 작정하셨다네. 그래서 앞으로 큰 홍수가 올 것이네. 그런데 하나님이 택하신 사람은 구원해 주시려고 이 방주를 지으라고 명령하셨다네."

그러나 안타깝게도 홍수 심판으로부터 구원을 받은 사람은 달랑 8명, 노아와 노아의 아내, 그리고 세 아들 부부뿐이었다. 그 외에는 구원을 받은 자가 없다.

신앙도 마찬가지다. 교회 생활, 성경 공부 열심히 하고, "주여 주여" 하면서 선지자 노릇도 하고, 귀신도 쫓아내고 많은 권능을 행해 놓고도 정작 구원의 방주에 들어가지 못해서 홍수 심판에 쓸려나가 영원한 지옥의 저주 아래 슬피 울며 이를 가는 사람들이 많을 것이라고 주님은 분명하게 경고하셨다.

그렇다면, 예수 믿는 사람은 많은데 왜 실제로 구원받는 사람은 적은 것인가?

그러나 그들이 다 복음을 순종하지 아니하였도다 이사야가 이르되 주여 우리가 전한 것을 누가 믿었나이까 하였으니(롬 10:16).

바울은 '그들이 복음에 순종하지 않았기 때문'이라고 말한다. 우리는 일반적으로 복음을 '믿으라'고 말하지 '순종하라'는 말은 잘 하지 않는다. 그러나 이 둘은 같은 의미다. 즉 예수 믿고 복음을 믿는다고 말하면서도 정작 순종하는 사람은 많지 않기 때문에 구원받는 사람이 적은 것이다.

내 손에 모든 병을 단번에 치유할 수 있는 만병통치약이 있다고 가정해 보자. 아무리 내가 그 약의 능력을 믿어도 실제로 그 약을 먹지 않으면 나는 질병으로부터 구원을 받을 수가 없다. 같은 이치다. 우리는 그리스도를 믿는다고 말로만 하지 말고 말씀에 순종해야 한다. 그래야 죄와 사망의 저주로부터 구원받을 수 있다.

그러므로 진정으로 예수 그리스도를 마음으로 받아들였다면, 하나님의 말씀을 마음으로 받아들여야 한다. 이 진리의 말씀을 삶의 유일한 길로 삼아야 한다. 하나님의 말씀을 돈을 버는 길, 사업하는 길, 공부하는 길, 가정을 꾸리는 길, 자녀를 양육하는 길로 삼아야 한다. 이것이 '복음에 순종하는 것'이다.

20 내 아들아 내 말에 주의하며 내가 말하는 것에 네 귀를 기울이라 21 그것을 네 눈에서 떠나게 하지 말며 네 마음 속에 지키라 22 그것은 얻는 자에게 생명이 되며 그의 온 육체의 건강이 됨이니라(잠 4:20-22).

22절에서 육체의 '건강'으로 번역된 히브리어 단어는 '마르페 (marpe)'로, '치유, 회복, 건강'을 의미한다. 이 단어는 '약'으로 번역되

기도 한다. 특별히 예레미야서에 보면 이 단어는 질병의 치유뿐 아니라 하나님의 심판으로 인한 국가적인 재앙으로부터의 회복과 치유를 의미하는 단어로도 사용되었다. 이와 같은 성경의 용법에 비추어 보았을 때, 마르페는 육체적인 질병뿐 아니라, 경제적인 가난, 국가적인 재난, 개인적인 상실, 개인의 죽음 등 인간의 원죄로 인한 하나님의 저주와 심판의 고통과 슬픔으로부터 우리를 치유하시는 '약'이란 의미를 지니고 있다고 볼 수 있다.

특별히 잠언 4장 22절에서도 이 마르페가 등장하는데, 육체의 치유와 건강을 가져다주시는 하나님의 '약'을 의미하는 단어로 사용되고 있다. 즉 모든 질병의 치유가 바로 하나님의 말씀에 담겨 있다는 뜻이다. 우리는 이 말씀 앞에서 아주 '순진한 결정'을 내릴 것을 요구 받고 있다. 하나님의 말씀을 내 병을 고치는 '약'으로 복용할 것을 결심하는 것이다. 피부병으로 고생하고 있는가? 하나님의 말씀을 복용할 것을 결단하라. 그러면 치유를 받게 될 것이다. 암, 류마티스 관절염, 척추협착증, 우울증, 조울증, 갱년기 증상, 치매, ADHD, 뇌전증, 자폐증, 불임, 그것이 무슨 병이든 하나님은 그 모든 병으로부터 우리를 치유하시는 약을 약속하고 계신다. 그 약은 바로 '하나님의 말씀'이다.

이 약의 효능은 육체의 질병에 국한되지 않는다. 경제적인 질병, 관계적인 질병, 정치사회적인 질병. 우리가 이 땅에서 육신의 옷을 입고 살아가는 동안 겪게 되는 모든 형태의 고통으로부터 치유를 받을 수 있는 유일한 약이 바로 하나님의 말씀인 것이다. 그런 의미

그리스도인으로 잘 사는 법

에서, 하나님의 말씀은 그야말로 '만병통치약'이다. 성경에서는 이와 같은 치유를 한 단어로 '복'이라고 부른다.

> ¹ 네가 네 하나님 여호와의 말씀을 삼가 듣고 내가 오늘 네게 명령하는 그의 모든 명령을 지켜 행하면 네 하나님 여호와께서 너를 세계 모든 민족 위에 뛰어나게 하실 것이라 ² 네가 네 하나님 여호와의 말씀을 청종하면 이 모든 복이 네게 임하며 네게 이르리니 ³ 성읍에서도 복을 받고 들에서도 복을 받을 것이며 ⁴ 네 몸의 자녀와 네 토지의 소산과 네 짐승의 새끼와 소와 양의 새끼가 복을 받을 것이며 ⁵ 네 광주리와 떡 반죽 그릇이 복을 받을 것이며 ⁶ 네가 들어와도 복을 받고 나가도 복을 받을 것이니라(신 28:1-6).

어떤 약이든 복용법이 있기 마련이다. 식후 세 번, 혹은 식사와 상관없이 하루 한 번만 복용해야 하는 약도 있다. 의사가 약을 처방할 때는 복용법이 함께 적혀 있고, 환자는 그 지시대로 약을 복용해야 한다. 그렇지 않으면 제대로 치료가 되지 않는다. 오히려 더 큰 병을 얻을 수도 있다. 말씀도 하나님의 지시대로 복용해야 한다. 그렇지 않으면 치유는커녕 더 큰 병을 얻을 수 있다. 그렇다면, 하나님의 말씀은 어떻게 복용해야 하는가? 그것은 바로 '청ㆍ종ㆍ복'이다. 즉 '청종'하고, '삼가 듣고', 그 말씀에 '따라가는 것'이다.

오늘 잠언의 말씀에서 하나님의 말씀을 청종하는 구체적인 지침 네 가지를 발견할 수 있다.

내 말에 주의하라

치유의 열쇠는 하나님의 말씀을 '듣는 것'이다. 성경은 처음부터 끝까지 하나님의 말씀을 듣는 것이 육체의 치유를 받을 수 있는 길이라고 말씀하고 있다. 그런데 그냥 듣는 것이 아니다. 모든 주의력과 집중력을 다하여 한치의 오차 없이 정확하게 하나님의 말씀을 들어야 한다. 일타 강사의 수업을 듣는 고등학교 3학년 수험생의 수업 태도를 본 적이 있는가? 한 글자도 놓치지 않기 위해 집중한다. 하나님의 말씀을 들을 때도 그런 태도가 필요하다.

> [23] 들을 귀 있는 자는 들으라 [24] 또 이르시되 너희가 무엇을 듣는가 스스로 삼가라… (막 4:23-24).
>
> 그러므로 너희가 어떻게 들을까 스스로 삼가라… (눅 8:18).

나는 지금 '무엇을 듣고 있는가?' 그리고 '어떻게 듣고 있는가?' 이 두 가지에 주의를 기울여야 한다. 하나님의 치유는 말씀을 경청하는 것에서 시작한다. 그 이유는 말씀을 경청하는 것이 우리가 믿음을 가질 수 있는 유일한 길이기 때문이다. "믿음은 들음에서 나며 들음은 그리스도의 말씀으로 말미암았느니라"(롬 10:17)고 했다. 본래 우리에게는 믿음이 없다. 믿음은 내 노력으로 만들어 낼 수 있는 것도, 누군가가 줄 수 있는 것도 아니다. 믿음은 내 마음 속에서 '나는 것'이다. 어떻게 내 안에서 날까? 믿음은 그리스도의 말씀을 '들음'에서 난다.

그리스도인으로 잘 사는 법

따라서 우리는 하나님의 말씀을 '주의하여' 듣고 '삼가' 들어야 한다. 거기서 믿음이 나오기 때문이다. 무엇보다 하나님의 음성을 들을 수 있는 능력을 키워야 한다. 방법은 단순하다. 우리의 마음과 정신을 하나님의 말씀에 온전히 몰입하는 것이다. 주의를 분산시키지 말고 하나님의 말씀에만 몰입하는 것이다. 성령의 감동으로 기록된 '활자체'가 좌우에 날 선 검과 같은 성령의 '활력체'로 변화할 때까지 우리의 정신을 하나님의 말씀에 몰입하는 것이다. 이것이 하나님의 말씀이 우리를 치유하시는 약이 되는 방법이다.

네 귀를 기울이라

하나님의 약을 복용할 때 우리가 지켜야 할 두 번째 지침은 '귀를 기울이는 것'이다. 인체 구조상 사람의 귀는 움직일 수가 없다. 귀를 기울이려면 사실상 머리를 아래로 숙여야 한다. 이것은 무엇을 뜻하는가? 하나님의 말씀을 대하는 '겸손한 자세'를 가리킨다. 하나님의 말씀에 모든 주의력과 집중력을 다하여 몰입하기 위해서는 말씀을 듣는 '자세와 태도'가 결정적이다. 그러나 너무나 많은 사람이 하나님의 말씀을 듣는 태도가 잘못되어 있다.

우리가 버려야 할 가장 잘못된 태도는 말대꾸하는 것이다. 이 말대꾸하는 버릇은 어렸을 때 그 싹을 잘라 버려야 한다. 집에서는 부모에게 말대꾸하는 아이들이, 학교에 가면 선생님에게 말대꾸하고, 교회에 가면 목사에게 말대꾸한다. 그러다 보면 하나님께도 말대꾸

한다. 결국 축복의 길 대신 저주의 길을 택하는 삶을 살아가게 된다. 이렇게 우리는 어릴 때부터 하나님의 말씀을 대하는 태도를 바로잡아야 한다. 어릴 때의 잘못된 경험이 '권위' 또는 '권위자'에 대한 편견이나 선입견으로 자리잡혀 하나님의 말씀을 가로막는 높은 벽이 될 수 있다. 이런 벽을 거둬 내고 겸손한 마음으로 하나님의 말씀을 있는 그대로 받아들여야 한다.

> [8] 이는 내 생각이 너희의 생각과 다르며 내 길은 너희의 길과 다름이니라 여호와의 말씀이니라 [9] 이는 하늘이 땅보다 높음같이 내 길은 너희의 길보다 높으며 내 생각은 너희의 생각보다 높음이니라(사 55:8-9).

하나님은 어떤 교파보다도 크신 분이고, 우리의 이해력이나 편견보다 더 크신 분이다. 하나님을 작은 분으로 만들어 우리를 도울 수 없게 하지 말아야 한다. 귀를 기울여 하나님이 우리를 위해 얼마나 큰일을 행하고자 하시는지 그 말씀을 듣도록 해야 한다. 그러나 너무 많은 사람이 하나님에 대한 잘못된 선입관으로 둘러싸여 있어 그 말씀의 참뜻을 제대로 받아들이지 못하고 있다.

> [20] 사람이 성내는 것이 하나님의 의를 이루지 못함이라 [21] 그러므로 모든 더러운 것과 넘치는 악을 내버리고 너희 영혼을 능히 구원할 바 마음에 심어진 말씀을 온유함으로 받으라(약 1:21).

하나님의 말씀은 우리를 구원하고 질병을 치유하며 수많은 방법으로 축복하신다. 그러나 그 말씀을 우리가 겸손한 마음으로 온전하고 순전하게 받아들일 때만 '약'이 될 수 있다. 하나님을 가르치려 들지 말라. 하나님이 나를 가르치실 수 있게 해 드려라.

내 말을 네 눈에서 떠나게 하지 말라

하나님의 말씀을 눈에서 떠나게 하지 말라는 가르침의 본질은 '초점'이란 단어로 요약할 수 있다. 인간의 두 눈은 초점을 모아서 하나의 이미지를 인식하도록 창조되었다. 눈에 초점이 맞지 않으면 물체가 흐릿하게 보인다. 따라서 우리는 양쪽 눈으로 각각 다른 방향을 바라보지 않고 한 곳으로 초점을 모은다. 그렇게 눈의 초점을 맞추었을 때 온 육체에 나타나는 결과에 대해 예수님은 이렇게 말씀하셨다.

네 몸의 등불은 눈이라 네 눈이 성하면 온 몸이 밝을 것이요 만일 나쁘면 네 몸도 어두우리라(눅 11:34).

이 모든 치유의 역사가 '성한 눈'을 갖는 데 달려 있다. "네 눈이 성하면(ἁπλοῦς; haploos)"에서 '성하면'은 '단순한, 순수한'에 가까운 의미다. 단순하고 순수한 자세를 갖는 데 가장 방해가 되는 것은 지나치게 철학적이고 지적이거나, 자기 합리화와 궤변으로 무장되어 있는 경우다. 이런 것을 흔히 '개똥 철학'이라고 부른다. 바울은 그것을 조금 더 고상하게 '배설물'이라고 표현했다. 바로 사람들이 고집하는 개똥 철학이, 우리의 순수하고 단순하지 못한 눈이 그 치유의 광선을 가로막고 있는 최고 방해물인 것이다.

그래서 우리에게 필요한 것이 있다. 그것은 바로 '단순 무식함'이다. 우리는 성경을 대할 때 어느 정도는 '단순 무식'해질 필요가 있다.

하나님의 어리석음이 사람보다 지혜롭고 하나님의 약하심이 사람보다 강하니라(고전 1:25).

사람의 지혜가 하나님의 어리석음을 가로막고 있어서, 사람의 강함이 하나님의 약함을 억누르고 있어서 하나님의 능력을 체험할 수 없다. 한마디로, 우리는 하나님의 말씀 앞에서 너무 잘난 척을 하고 있다. 그래서 교회 안에서 자기가 아는 것 자랑하고, 가진 것 자랑하고, 이룬 것 자랑하는 사람은 경계 대상 1호다. 왜냐하면 그런 사람들 때문에 인간의 지혜보다 강한 하나님의 어리석음이 도무지 기를 펴실 수가 없고, 인간의 힘보다 강하신 하나님의 약하심이 도무지 높임을 받으실 수가 없기 때문이다.

아무도 자신을 속이지 말라 너희 중에 누구든지 이 세상에서 지혜 있는 줄로 생각하거든 어리석은 자가 되라 그리하여야 지혜로운 자가 되리라 (고전 3:18).

우리는 세상적인 지혜를 내려놓아야 한다. 세상의 눈으로 볼 때 어리석은 자가 되어야 우리는 하나님의 지혜와 능력 속으로 들어갈 수 있다. 그러므로 하나님의 지침은 이것이다.

"단순하고 순수한 눈을 가져라. 성경을 씌어 있는 그대로 읽고, 그 의미를 말씀 그대로 받아들이라."

내 말을 네 마음속에 지키라

좋은 땅에 있다는 것은 착하고 좋은 마음으로 말씀을 듣고 지키어 인내로 결실하는 자니라(눅 8:15).

엄마의 뱃속에 생명이 잉태되기 위해서는 아빠의 정자와 엄마의 난자가 결합된 수정란이 엄마의 자궁 내막에 착상해야 한다. 이 때 엄마의 난자 하나를 향하여 달려가는 정자 수억 마리 중에서 성공하는 정자는 딱 한 마리다. 이 수억 마리의 정자가 엄마의 난자를 향해 경쟁하며 달려가는 과정에서 대부분 정자가 다양한 이유로 죽는다. 즉 험난한 과정을 끝까지 견뎌 내고 살아 낸 정자가 난자와 결합하여 수정란이 되고, 그 수정란이 건강하게 자궁 내막에 착상할 때 생명을 잉태하게 되는 것이다.

10 이는 비와 눈이 하늘로부터 내려서 그리로 되돌아가지 아니하고 땅을 적셔서 소출이 나게 하며 싹이 나게 하여 파종하는 자에게는 종자를 주며

먹는 자에게는 양식을 줌과 같이 ¹¹ 내 입에서 나가는 말도 이와 같이 헛되이 내게로 되돌아오지 아니하고 나의 기뻐하는 뜻을 이루며 내가 보낸 일에 형통함이니라(사 55:10-11).

하나님의 말씀이 우리 삶에 열매를 맺고 치유를 일으키는 것은 바로 이 말씀의 종자가 우리의 마음이라고 하는 땅에 도달하여 심겨질 때, 착상될 때 이뤄지는 것이다. 그것을 위해 하나님의 말씀은 우리의 귀의 문과 눈의 문이라고 하는 이중문을 통과해야만 하는 것이다. 하나님의 말씀이 우리의 귀와 눈에 자리 잡고 있는 다양한 방해물들을 통과하는 험난한 과정을 거친 후 비로소 우리의 마음에 착상될 때 하나님의 기뻐하신 뜻을 이루는 형통의 열매를 맺게 되는 것이다.

약이 효과를 발휘하려면 약 성분이 혈액으로 들어가야 한다. 약을 먹어도 혈액 속으로 용해되어 들어가지 않으면 아무 소용이 없다. 하나님의 약도 우리의 마음속으로 녹아 들어가야 치유 효과를 낼 수 있다. 그래서 잠언 4장에서는 약을 마음까지 도달시키는 방법으로 세 가지 지침을 가르친다. 그리고 "내 말을 네 마음속에 지켜라"라고 말씀한다. 바로 이어서 다음의 말씀이 나온다.

모든 지킬 만한 것 중에 더욱 네 마음을 지키라 생명의 근원이 이에서 남이니라(잠 4:23).

그리스도인으로 잘 사는 법

생명의 근원이 우리의 마음에서 나온다. 우리 마음이 삶의 모든 것을 결정한다. 마음속에 올바른 것이 들어 있으면 우리의 삶도 바른 길을 갈 것이요, 마음속에 비뚤어진 것이 들어 있으면 삶도 비뚤어진 길을 가게 되는 것이다. 그래서 하나님은 "내가 약속한 것을 이루려면 내 말씀이 네 마음에 도달해야 하고, 너는 내 말씀을 네 마음속에 지켜야 한다"라고 말씀하신다.

하나님의 말씀은 살아 있고 활력이 있어 좌우에 날선 어떤 검보다도 예리하여 혼과 영과 및 관절과 골수를 찔러 쪼개기까지 하며 또 마음의 생각과 뜻을 판단하나니(히 4:12).

이 구절을 한마디로 요약할 수 있는 단어를 선택한다면 '꿰뚫는다'이다. 하나님의 말씀은 그 어떤 것도 침투할 수 없는 곳을 꿰뚫고 들어간다. 인체 조직 속으로 예리하게 파고드는 외과 의사의 날카로운 칼날을 연상해 보라. 그런데 하나님의 말씀은 육의 차원을 넘어서 영과 혼의 영역으로까지 뚫고 들어간다. 하나님의 말씀은 관절과 골수를 쪼갤 뿐 아니라, 우리의 영과 혼까지도 꿰뚫고 들어가 치유의 광선을 비추신다. 인간이 만든 어떤 약이나 의료기기로는 치료가 어려울지 모르나 하나님의 말씀은 인간의 약과 의료 기구의 손길이 닿지 못하는 그곳까지 손길이 미친다고 성경은 말씀하고 있다. 이 세상의 그 어떤 정신과 의사나 심리치료사도 치료할 수 없는 내 혼의 깊은 곳에 내재된 문제라 할지라도 하나님의 말씀은 그 문제까지 꿰뚫고 들어가 치유의 손길을 뻗친다. 하나님의 말씀은 어디든지 꿰뚫고 들어가는 것이다.

우리의 모든 주의를 집중하고, 모든 편견과 선입관을 버리고 하나님의 말씀을 겸손하게 받아들여야 한다. 우리 마음의 편견과 선입관의 장벽을 허물고 단순하고도 순수한 마음의 눈으로 하나님의 말씀을 바라보아야 한다. 쓸데없이 트집을 잡으면 안 된다. 말씀이 뜻하는 그대로 받아들여야 한다. 합리화나 궤변의 장벽을 무너뜨리고 하나님의 말씀에 우리의 두 눈의 초점을 맞추라. 그럴 때 하나님의 말씀은 비로소 우리의 마음 안에 착상되어 관절과 골수, 영과 혼을 꿰뚫어 치유의 능력을 발휘한다.

첫째, 하나님의 말씀대로 생각하라. 육신의 생각은 내 부패한 마음을 따라가는 생각이요, 영의 생각은 하나님의 말씀대로 생각하는 것이다. 하나님의 말씀대로 생각할 때 생명과 평안의 열매를 맺게 된다.

육신의 생각은 사망이요 영의 생각은 생명과 평안이니라(롬 8:6).

둘째, 하나님의 말씀대로 말하라.

구부러진 말을 네 입에서 버리며 비뚤어진 말을 네 입술에서 멀리 하라
(잠 4:23-24).

그리스도인으로 잘 사는 법

셋째, 하나님의 말씀대로 꿈을 꾸라. 눈에 보이는 것 없고 손에 잡히는 것 없어도 하나님의 말씀대로 보라. 하나님의 생각을 받아야 한다. 그리고 그 생각이 꿈이 되게 하라. 이미 이뤄진 것처럼 보라. 이미 이뤄진 현실처럼 눈으로 그리라. 이미지화하라.

네 눈은 바로 보며 네 눈꺼풀은 네 앞을 곧게 살펴(잠 4:25).

내 입에서 나가는 말도 이와 같이 헛되이 내게로 되돌아오지 아니하고 나의 기뻐하는 뜻을 이루며 내가 보낸 일에 형통함이니라(사 55:11).

넷째, 하나님의 말씀대로 행하라.

26 네 발이 행할 길을 평탄하게 하며 네 모든 길을 든든히 하라 27 좌로나 우로나 치우치지 말고 네 발을 악에서 떠나게 하라(잠 4:26-27).

다섯째, 이 모든 지침을 지킨다면 하나님의 말씀대로 성취될 것이다.

하나님의 약속은 얼마든지 그리스도 안에서 예가 되니 그런즉 그로 말미암아 우리가 아멘 하여 하나님께 영광을 돌리게 되느니라(고후 1:20).